财政激励、机会平等与公共服务均等化研究

龚　锋　著

本书受国家自然科学基金面上项目（71773086）和武汉大学“双一流”
学科建设专项经费资助

科　学　出　版　社

北　京

内 容 简 介

本书构建了一个将“底线均等”和“机会平等”相结合的公共服务均等化评估与政策设计框架，运用这一框架对中国省级义务教育公共服务和医疗卫生公共服务的区域机会不平等程度进行测度，并检验政府间财政转移支付这一均等化政策工具对各地区公共服务供给机会不平等程度的影响效应。本书的主要特色是提出了底线保障与机会平等导向的公共服务均等化思路，即在满足各地区居民最低公共服务需求的基础上，通过地方政府间财政资金的重新配置，补偿处于不利外部环境中的地方政府，提高其供给公共服务的财政能力，同时不补偿供给努力程度不足的地方政府，避免财政援助对其公共服务供给努力产生逆向激励效应。

本书适合高等院校经济和财税类专业的师生、研究人员和其他人员阅读，也可供政府财政部门的研究人员，以及从事财政体制设计、公共服务供给等工作的实际工作者参考。

图书在版编目（CIP）数据

财政激励、机会平等与公共服务均等化研究 / 龚锋著. —北京：科学出版社，2019.11

ISBN 978-7-03-063173-2

Ⅰ. ①财… Ⅱ. ①龚… Ⅲ. ①公共服务–研究–中国 Ⅳ. ①D669.3

中国版本图书馆 CIP 数据核字（2019）第 250536 号

责任编辑：王丹妮 / 责任校对：贾娜娜
责任印制：张 伟 / 封面设计：无极书装

科学出版社出版
北京东黄城根北街 16 号
邮政编码：100717
http://www.sciencep.com

北京建宏印刷有限公司印刷
科学出版社发行 各地新华书店经销
*
2019 年 11 月第 一 版 开本：720 × 1000 1/16
2020 年 11 月第二次印刷 印张：8 1/2
字数：172 000

定价：86.00 元

（如有印装质量问题，我社负责调换）

目　录

第1章　绪　　论

1.1　研究背景与意义

公共服务，特别是义务教育、医疗卫生、社会保障等基本公共服务，事关民众的福祉，公平、均等地享有这些基本公共服务，是保障每个公民更有尊严地生活及更有机会发展的前提和基础。改革开放以来，伴随着国民经济的持续快速发展，中国开始由以解决温饱问题为主要任务的生存型社会向以促进人的全面发展为目标的发展型社会过渡。一方面，社会公共需求全面快速增长与基本社会事业发展相对滞后、基本公共服务短缺的矛盾日趋突出；另一方面，基本公共服务在地区间、城乡间及不同社会群体间的不均等问题也日益凸显，由此引发了一系列的社会矛盾和问题，这对中国经济社会健康、稳定发展构成了潜在威胁。2005年10月11日，中国共产党十六届五中全会通过的《中共中央关于制定国民经济和社会发展第十一个五年规划的建议》，首次明确提出"公共服务均等化"原则。此后，历次党的重大会议或重要文件均以不同的形式强调要推进基本公共服务均等化[①]。可以说，推进公共服务均等化作为统筹区域城乡发展、构建和谐社会、完善政府职能、改革公共财政制度的关键内容，已成为保障国民共享发展成果和持续改善民生的基本着力点与核心内容，而如何实现公共服务均等化成为中国改革发展中迫切需要研究解决的重大理论与政策问题。

时至今日，对于公共服务均等化的内涵也已形成共识，即无论在性别、年龄、

---

① 比如：2007年10月，党的十七大报告把"围绕推进基本公共服务均等化和主体功能区建设，完善公共财政体系"确定为当前深化财政体制改革的一个基本方针。2010年党的十七届五中全会通过的《中华人民共和国国民经济和社会发展第十二个五年规划纲要》，对基本公共服务均等化的论述是：完善保障和改善民生的制度安排，把促进就业放在经济社会发展优先位置，加快发展各项社会事业，推进基本公共服务均等化，加大收入分配调节力度，坚定不移走共同富裕道路，使发展成果惠及全体人民。2012年，中国基本公共服务领域首部国家级专项规划——《国家基本公共服务体系"十二五"规划》明确提出"我国实行社会主义制度，公民都有获得基本公共服务的权利。保障人人享有基本公共服务是政府的职责"。2013年党的十八届三中全会通过的《中共中央关于全面深化改革若干重大问题的决定》指出："紧紧围绕更好保障和改善民生、促进社会公平正义深化社会体制改革，改革收入分配制度，促进共同富裕，推进社会领域制度创新，推进基本公共服务均等化，加快形成科学有效的社会治理体制，确保社会既充满活力又和谐有序。"2014年党的十八届四中全会通过《中共中央关于全面推进依法治国若干重大问题的决定》指出："推进各级政府事权规范化、法律化，完善不同层级政府特别是中央和地方政府事权法律制度，强化中央政府宏观管理、制度设定职责和必要的执法权，强化省级政府统筹推进区域内基本公共服务均等化职责，强化市县政府执行职责。"

收入水平、教育程度、居住地等特征方面存在何种差异，任何居民均有权享有政府“一视同仁”提供的数量相当、质量相当、方便可及程度相当的公共服务。事实上，根据这一内涵，公共服务均等化的本质是供给均等化而非需求均等或结果（受益）均等。也就是说，政府应当向全体居民提供大致均等的公共服务水平，而居民是否消费、消费多少及从消费中受益多少，则取决于居民基于自身的消费偏好和消费能力做出的选择，政府既不可能也没必要实现消费和结果（受益）层面的均等。

现阶段中国区域间公共服务供给非均等问题尤为突出。究其原因，一是不同地区经济发展水平的差异导致区域间存在巨大的财政能力差距；二是国内生产总值（gross domestic product，GDP）晋升激励机制导致各地区地方政府提供公共服务的努力不足。前者涉及平等问题，解决这一问题的切入点是要提高财政能力不足地区地方政府充足供给公共服务的能力；后者涉及激励问题，解决这一问题的切入点是要提升地方政府有效供给公共服务的意愿。因此，如何实现平等与激励的权衡，是推进地方公共服务供给均等化的关键。本书提出一个基于机会平等导向的均等化思路，即在不扭曲地方政府公共服务供给努力水平的同时，通过财政资金的重新配置，促进地方政府间财政能力的大致均衡。同时，设计出与机会平等思路对应的均等化政策设计框架，基于这一框架设定的公共资金地区分配模式，既能够实现对财政能力不足的地区提供财政援助，又能够对公共服务供给努力程度不足的地方政府提供有效的正向激励。

1. 公共服务均等化思路

在满足各地区居民最低公共服务需求的基础上，通过地方政府间财政资金的重新配置，补偿处在不利外部环境中的地方政府，提高其供给公共服务的财政能力，同时不补偿供给努力程度不足的地方政府，避免财政援助对其公共服务供给努力产生逆向激励效应。

2. 公共服务均等化的可操作性框架

第一，测度公共服务的配置效率和生产效率，获得衡量地方政府公共服务努力指数；第二，根据公共服务努力指数对地方政府进行分组，利用泰尔第一指数及其分解技术，测算组内公共支出的不平等程度，评估现有地区间公共支出的不平等有多大比例来源于地方政府的机会不平等（因为同组地方政府的公共服务供给努力是同质的，组内不平等就源于其所处外部环境的差异）；第三，构建扩展线性支出系统，估计和测算出满足居民基本公共服务需求的生计公共支出水平；第四，构建非线性最优化模型，以各地区的生计公共支出作为约束条件，测算实现公共服务组内不平等程度最小的公共支出地区配置模式，比较现有公共支出地区配置模式与最优模式的差异，从分省层面实现对公共服务机会不平等程度的评估；第五，通过回归分析，检验政府间财政转移支付这一均等化政策工具对各地区公共服务供给机会不平等程度的影响效应。

运用上述框架的关键是要准确测度地方政府的公共服务供给努力程度。本书采用公共服务的生产效率和配置效率指数作为公共服务供给努力程度的替代指标。前者衡量的是公共服务产出和投入的比率，当政府在给定投入下能够实现公共服务产出的最大化，或在给定公共服务产出下能够实现投入的最小化时，公共服务的生产便满足生产效率条件；后者衡量的是公共服务供给相对于公共需求的充分性和匹配性，当政府供给的公共服务能最大限度地满足居民的公共需求时，公共服务的供给便满足配置效率条件。因此，本书选取的二维效率指数不仅能够衡量地方政府在给定预算约束下，尽可能生产或供给更多公共服务所付出的努力水平，还能够衡量地方政府尽可能满足居民对公共服务的需求偏好所付出的努力水平。

遵循机会平等导向的公共服务均等化思路，利用上述可操作性框架，本书选取中国省级的义务教育服务和医疗卫生服务作为具体分析对象，采用 2002～2010 年 30 个省区市（不含西藏自治区、香港、澳门和台湾）的数据，对两类服务供给的区域机会不平等程度进行测度和评估，并检验一般性转移支付、税收返还和专项转移支付对两类公共服务供给机会不平等程度的影响。实证分析的结果为改进地方政府在义务教育服务和医疗卫生服务领域的预算资金分配模式，给改革政府间财政转移支付制度提供了可靠的定量证据。

总体而言，本书从理论、实证和制度设计等多个层面，对公共服务均等化问题进行研究，探讨优化地方政府间财政激励机制，实现公共服务均衡供给的制度路径和技术方法，不仅对推进公共财政学、福利经济学等相关学科的发展具有重要的理论价值，还对推进服务型政府的构建、促进政府间财政制度改革、落实科学发展观，以及实现经济社会的综合协调发展等具有重要的现实意义和实践价值。

1.2　研究内容与框架结构

具体而言，本书的研究内容和框架结构如下。

第 2 章阐述机会平等导向的公共服务均等化：思路与框架。该章在对现有公共服务均等化的内涵进行梳理比较的基础上，指出居民消费公共服务的机会均等与政府提供公共服务的产出均等是公共服务均等化的基本内涵。进而提出一个将底线均等与机会平等相结合的公共服务均等化思路，以及以组内泰尔第一指数为基础的测算公共服务供给机会不平等的政策设计框架。该章认为，利用这一框架可以实现三个目标：一是整体评估现有地区间公共支出的不平等有多大比例来源于地方政府的机会不平等；二是测算机会平等目标下地区间公共服务投入（公共服务支出）的最优配置模式；三是评估现有公共支出地区配置模式与最优模式的差异，从分省层面实现对公共服务机会不平等程度的评估。该章进一步指出，为了运用上述框架，需要完成两项主要的基础性工作：一是测算地方政府的公共服务供给努力程度；二是测算地方政府满足居民公共服务基本需求的生计公共支出水平。

第 3 章阐述公共服务供给努力程度测度：配置效率。该章致力于从配置效率的角度测度地方政府的公共服务供给努力程度。配置效率衡量的是公共服务的有效性或合意性，即地方政府是否尽最大努力保证提供的公共服务满足居民的需求偏好。首先，构建一个简单的静态理论模型，结合公共品供给的萨缪尔森条件，对公共服务配置效率的内涵进行界定，即当公共服务的供给与需求相匹配时，公共服务供给满足配置效率条件，否则公共服务配置是无效率的（过度供给或供给不足）。其次，根据配置效率的内涵，构建公共服务受益函数，将公共服务的受益设定为公共服务产出的函数。最后，利用 2002～2010 年省级义务教育服务和医疗卫生服务的受益和产出指标，参见表 1-1 中的产出和受益指标，估计各地区的公共服务受益函数，获得公共服务产出系数的估计结果，据此实现对各地区公共服务配置效率的测度。实证结果显示：样本期间大部分地区存在义务教育服务和医疗卫生服务供给不足的问题，但平均而言，东部地区供给不足程度要高于中西部地区，导致这一现象出现的主要原因可能是东部地区更高的公共服务需求偏好超过了地方政府实际服务供给水平。

表 1-1　义务教育服务与医疗卫生服务投入–产出–受益指标

指标	义务教育服务	医疗卫生服务
投入指标	人均普通初中教育经费、人均小学教育经费	人均卫生经费
产出指标	初中师生比、初中本科及以上学历教师比重、万人初中在校学生数、万人初中学校数、初中生均校舍面积、初中生均图书藏量、初中生均固定资产价值、小学师生比、小学本科及以上学历教师比重、万人小学在校学生数、万人小学学校数、小学生均校舍面积、小学生均图书藏量、小学生均固定资产价值	门诊诊疗人次数、住院病人手术人次、出院者平均住院日、危重病人抢救人次、健康检查人数、产前检查率、新法接生率、万人医疗卫生机构床位数、万人医疗卫生机构人员数
受益指标	小学升学率、初中升学率、15 岁及以上人口识字率、人均受教育程度	急诊病死率（的倒数）、观察室病死率（的倒数）、危重病人抢救成功率、甲乙类法定报告传染病发病率（的倒数）、甲乙类法定报告传染病死亡率（的倒数）、孕产妇死亡率（的倒数）

第4章阐述公共服务供给努力程度测度：生产效率。该章致力于从生产效率的角度测度地方政府公共服务供给努力程度。生产效率衡量的是公共服务的投入-产出比，即地方政府投入公共资金是否实现了公共服务产出的最大化。该章基于2002～2010年省级义务教育服务和医疗卫生服务的投入和产出指标（表1-1），运用四阶段数据包络分析（data envelope analysis，DEA）和Bootstrapped DEA模型，对省级义务教育服务和医疗卫生服务的生产效率进行评估。实证结果显示：中国省级义务教育服务和医疗卫生服务的努力程度较高，在样本期间内，两类服务的投入-产出效率水平平均在90%左右。其中，中部地区省级义务教育服务的平均生产效率得分最高，西部地区次之，东部地区最低；东部地区省级医疗卫生服务的平均生产效率得分最高，中部地区次之，西部地区最低。

第5章阐述生计公共支出的测度：扩展线性支出系统的应用。为保证机会平等导向的公共服务均等化模式与公共服务的底线均等要求不冲突，在实现机会平等目标对地方政府的财政资源进行再分配时，应首先保证地方政府能够获得一笔公共资金用于提供基本保障水平的公共服务。该章定义与基本保障公共服务相对应的财政支出水平为生计公共支出。进而构建并估计一个包含地方政府所有财政支出类别的扩展线性支出系统，测算出各类财政支出的生计公共支出水平，并对义务教育服务和医疗卫生服务这两类公共服务的生计公共支出水平进行分析。结果显示：各地方政府提供的两类公共服务均超过满足居民基本需求的生计公共支出水平，其中东部地区提供的超额义务教育服务和医疗卫生服务的比例高于中西部地区。总体而言，居民对义务教育服务的刚性需求超过了医疗卫生服务。

第6章阐述了基于机会平等视角的公共服务供给非均等程度评估。该章致力于从机会平等的视角对中国省际义务教育服务和医疗卫生服务的供给非均等程度进行评估。首先，采用层次聚类分析法，按照公共服务供给努力程度（配置效率和生产效率）对地方政府进行分组，界定处于同一群组的地方政府付出了相同的公共服务供给努力程度。各组内地方政府的公共服务供给努力是同质的，组内公共支出的不平等源于地方政府所处外部环境的差异，因此可以将组内不平等视为机会不平等。其次，采用泰尔第一指数及其分解技术，计算各努力群组的组内不平等程度，以此实现对公共服务供给机会不平等程度的测度。再次，采用非线性规划技术，在生计公共支出水平得到保障的条件下，测算实现机会不平等程度最小的最优公共支出地区配置模式。最后，比较实际公共支出地区配置模式与最优模式的差异，从分省层面对地方公共服务供给机会不均等程度进行评估。实证结果显示：样本期间内义务教育服务的总不平等程度虽然较小，但其不平等主要源于机会不平等；而医疗卫生服务的总不平等程度虽然较高，但环境差异和努力差异导致的不平等程度却大致相当。在满足分组预算平衡约束和基本保障约束条件（底线均等）下，通过重新配置各地区的义务教育预算支出和医疗卫生预算支出，能够实现的最小机会不平等程度分别为0.02～0.072（医疗卫生）和0.016～0.037（义务教育），这也就意味着，现有医疗卫生和义务教育公共支出地区实际分配模式分别拥有19.35%～72.59%和13.22%～85.66%的机会不平等降低空间。从分省层面来看，一方面，与实现机会不平等最小的最优支出模式相比，样本期间东部地区普遍存在义务教育公共支出的过度配置，而大部分中西部地区则存在义务教育公共支出的配置不足问题。另一方面，大部分东部地区省区市存在医疗卫生公共支出的过度配置问题，而大部分中部地区主要表现为医疗卫生公共支出的配置不足问题。西部地区医疗卫生公共支出配置不足和配置过度的省区市在数量上大体相当。

第7章阐述了政府间财政转移支付制度与公共服务供给机会平等。该章在梳理和总结中国政府间财政转移支付制度变迁历程与制度缺陷的基础上，根据第6章测算的各省两类公共服务供给机会不平等程度，构建公共服务供给机会不平等指数，实证检验政府间财政转移支付对地方义务教育服务和医疗卫生服务供给机会不平等的影响。实证结果显示：在样本期间内，政府间财政转移支付中的均衡性转移支付和税收返还对地方政府义务教育服务和医疗卫生服务供给机会不平等指数的影响效应具有大致相同的方向，二者都导致了相关财政资金的过度安排和公共服务的过度供给，也就是说，当地方政府获得越多的均衡性转移支付及税收返还资金时，越有可能会过度安排义务教育服务和医疗卫生服务支出，使两类公共支出水平超过与地方政府供给努力程度相匹配的支出水平。另外，政府间财政转移支付中的专项转移支付对地方公共服务供给机会不平等程度的影响比较复杂。专项转移支付与义务教育服务供给不足指数呈正相关，与义务教育服务供给过度指数呈负相关，即专项转移支付对义务教育服务供给产生了向下的压力。专项转移支付与医疗卫生服务供给不足指数呈负相关，与医疗卫生服务供给过度指数呈正相关，即专项转移支付对医疗卫生服务供给产生了向上的压力。

第8章阐述了基本结论与政策建议。该章总结了全书的研究结论，并根据这些结论提出了主要的政策建议：第一，改进公共支出成本-收益分析技术，构建可操作的公共服务供给努力程度评价指标体系；第二，以绩效预算改革为契机，构建以公共服务供给努力为导向的预算资金分配机制；第三，以分税制改革为契机，构建激励相容的财政均等化体系。图1-1列示了本书的框架结构与技术路线图。

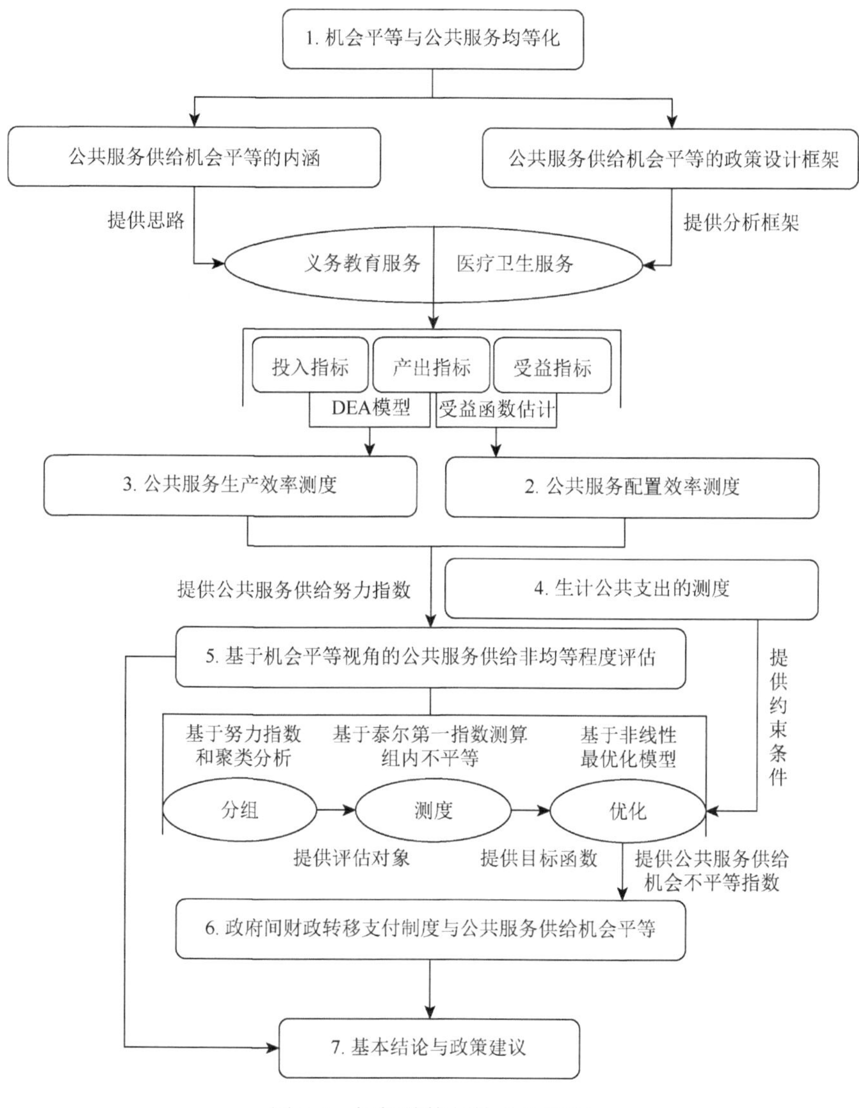

图 1-1　框架结构与技术路线图

1.3　创新点与不足之处

本书的创新点有以下几点。

第一，研究视角具有一定的创新性。本书明确提出机会平等和底线均等相结合的公共服务均等化思路，将公共服务均等化的核心界定为实现地方政府财政激励与平等的权衡，即在保障地方居民公共服务基本需求的基础上，提高地方政府供给公共服务的财政能力，同时提升地方政府供给公共服务的财政激励。由此，避免了既有研究过于强调平等和公平而忽视了均等化的效率含义和激励效应的缺陷。

第二，研究方法具有一定的创新性。本书明确将理论分析和实证分析进行有机结合，开发出一套系统的评估、测算、比较的公共服务均等化评估技术。这一技术将对公共服务非均等程度的评估转换为对实际支出水平与实现机会不平等最小的最优支出水平的比较，突破了既有研究仅能从整体角度进行评估的缺陷，将公共服务供给非均等化程度评估的对象转向分省层面。此外，在利用这一技术评估义务教育服务和医疗卫生服务的机会不平等程度时，本书还采用了大量的实证分析方法，如扩展线性支出系统、四阶段 DEA 和 Bootstrapped DEA 模型、层次聚类分析法等。

第三，政策建议具有一定的创新性。基于机会平等视角，明确提出创新和完善地方财政支出体制、预算管理制度和政府间财政转移支付制度的政策建议，设计出与公共服务供给均等化激励相容的财政制度安排，促进公共服务供给均等化与供给效率的权衡。

本书的不足之处在于：受变量和数据可获性的限制，本书实证分析选择的样本对象为中国省级行政单位，分析对象选择了义务教育和医疗卫生两类公共服务。就本书的研究方法而言，如果能够以样本量更大的县级政府作为样本对象，得到的分析结论将更为可靠和准确；就本书的研究内容而言，如果能将分析对象扩展到社会保障、环境保护、基础设施、文化等公共服务领域，得到的结论将更具代表性和普适性。因此，未来进一步研究的方向是对机会平等政策设计框架进行简化，特别是对生计公共支出的测算、公共服务配置效率和生产效率测度需要的变量进行精简，在此基础上，尽可能系统地收集县级的变量和数据，将研究对象拓展到中国县级行政单位，以及将研究范围拓宽到其他公共服务领域，从而提出更多可靠的、有效的、具有可操作性的政策建议，实现研究内容和研究结论的应用化。

第 2 章　机会平等导向的公共服务均等化：思路与框架

2.1　公共服务均等化的内涵及评价：比较分析

分税制改革以来，中国公共支出的规模和比例不断提高，但公共服务的供给非均等问题却日益凸显，由此引发了一系列社会矛盾和问题，这对中国经济社会的健康发展构成了潜在威胁。目前，决策层对公共服务供给非均等的问题极为关注，实现公共服务均等化已经成为推进公共财政体制改革的核心任务之一。然而，对于什么是公共服务均等化，或者说现阶段推进公共服务均等化的切入点和突破口是什么，学术界虽对此做了大量的研究，但迄今尚未达成一致意见。综合来看，目前对于公共服务均等化的内涵有以下几种主要观点。

（1）底线均等。楼继伟（2006）、马国贤（2007）、蔡秀云（2011）从公民权利的角度，强调公共服务均等化应为保证一国的公民无论身居何处，都有平等享用国家最低标准的公共服务的权利。

（2）机会均等。丁元竹（2008）认为，公共服务均等化是指中央政府制定公共服务的国家标准，通过制度设计确保地方政府具有均等的支付能力，从而保证一国公民都有机会享有法定标准的公共服务；常修泽（2007）强调公共服务均等化的内涵应包括全体公民享有公共服务的机会均等且结果大体均等，同时在提供大体均等的公共服务过程中，尊重社会成员的自由选择权。

（3）结果（受益）均等。安体富和任强（2007）认为，公共服务均等化的目标是实现公共服务消费机会的均等和消费结果的均等化，相比之下，结果（受益）的均等化更为重要，但均等是大体上相等，不可能绝对相等。

（4）性价比均等。朱柏铭（2008）指出，基本公共服务均等化的实质就是实现不同区域居民所感受的基本公共服务性价比水平大体相当。

（5）需求均等。孙红玲和王柯敏（2007）、吕炜和王伟同（2008）提出了“标准人”财政分配模型，测算“标准人”的公共服务需求作为均等化的标准，强调公共服务均等化的含义是指具有相同公共需求的居民可以享受到大致相同的公共服务。

（6）动态均等。丁元竹等（2008）把均等化分为几个层次，根据我国基本国情，指出我国现阶段基本公共服务均等化基本上处于强调目标和结果均等的均等化阶段；王谦（2008）和贾康（2007）指出实现公共服务均等化要分阶段进行，不同的阶段要有不同的均等化标准和目标；贺珍瑞（2010）认为公共服务均等化的标准不是一成不变的，这个标准会根据经济发展水平和财力水平的变化而变化。

（7）多维均等。龚锋等（2010）明确提出，应从“投入-产出-受益”三个维度同时考虑公共服务的非均等问题；孙庆国（2009）认为，短期内中国公共服务均等化水平测评指标重点应该放在投入类指标上，同时加快完善相关制度安排，确保公共资源的投入和利用效率，随着公共服务投入的逐步改善，测评的重点再逐步向产出和结果转变。

综合来看，在公共服务非均等化程度比较严重的背景下强调底线均等固然有其必要性，但是将底线均等作为中国公共财政制度建设的长期目标则显得标准偏低。事实上，底线均等相当于设定公共服务的最低保障线，以确保每个地区的居民享有与公民权利相挂钩的、满足最低需求的公共服务水平。从实现社会福利最大化的角度来看，一国仅仅实现公共服务的底线均等，显然是远远不够的，因此，底线均等可以成为公共服务均等化的阶段性目标，却不宜成为公共服务均等化的根本性目标。

结果（受益）均等似乎比较合意，但由于下述三个原因，也不可能成为政策层面可操作的均等化标准：第一，居民享有公共品获得的结果（受益）通常表现为主观的效用、满意度或消费者剩余，难以准确衡量且在人与人之间也无法比较，因此其作为公共服务均等化的标准是不具有现实可操作性的。第二，消费者对公共品的需求偏好和消费能力都存在差异，如果从尊重消费者公共服务自由选择权利的角度来看，对于消费意愿不同的消费者强求实现相同的消费受益，其事实上是侵犯了消费者的自由选择权。特别是对非纯公共品而言，消费者还需要自己承担部分成本费用，强制规定消费者必须获得相同的服务收益显然还会加大部分消费者的经济负担。第三，公共品与私人品的区别在于私人品的价格等于私人品的边际收益（边际支付意愿），在市场均衡条件下，每个消费者从最后一个单位私人品中获得的收益相等。公共品的价格（税价）等于消费者边际收益（边际支付意愿）的加总，在供需均衡条件下，每个消费者从最后一单位公共品中获得的收益是不相等的。也就是说，根据公共品的消费特征，公共品不可能实现结果（受益）的均等化，否则就不是公共品了。

性价比均等的含义是每个消费者公共品的边际收益与价格（个人负担的税价或边际支付意愿）的比率相等。性价比均等比结果（受益）均等更为合理，因为前者相当于相对标准，后者相当于绝对标准。这一均等化标准产生的问题是，个人从公共品消费中获得的边际收益及愿意为公共品承担的成本都是私人信息，以此作为公共服务均等化的对象会导致消费者的机会主义行为，即低估自己的收益，高估自己负担的成本，从而向政府传递出对某一公共品具有较低偏好的信号，最终导致低水平的均等化。

需求均等的问题在于，具有相同公共需求的居民享有相同的公共服务，是否意味着需求不同的居民享有公共服务存在差距就是合理的？如果是这样的话，则公共服务的城乡差距在很大程度上就是合理的，因为城乡居民对公共服务的需求偏好本身存在较大差异。例如，城市居民对义务教育服务的需求肯定高于农村地区。很多时候公共服务的需求是由供给创造出来的，如果农村地区小学提供的义务教育服务充分合意，则农村居民对义务教育服务的需求必然会提高。因此，以需求均等为标准进行公共服务均等化，还有可能会固化由供给差异导致的需求差异所引发的公共服务非均衡问题。

机会均等是最合理且可行性最高的公共服务均等化标准，基于这一标准，无论消费者的个体特征及所处外部环境如何，政府都会一视同仁地向其提供水平大致相同的公共服务。一旦实现了公共服务的机会均等，则消费者有机会获得数量相当、质量相当、方便可及程度相当的公共服务，那么进一步是否消费、消费多少及如何消费，则是个人的自由选择。政府应该尊重这一选择权利，但为居民创造可供选择的环境却是政府义不容辞的职责。

以上都是从消费者角度提出的公共品均等化标准，从公共服务的供给者或生产者的角度，也有两个均等化标准。

（1）投入均等。投入均等化意味着每个公共服务的生产主体配置使用同等水平的公共服务投入进行公共服务的生产。问题在于投入均等未必带来产出均等，因为公共部门技术和成本约束条件不同，相同的公共服务投入在不同地区未必能够带来相同的公共服务产出。

（2）产出均等。产出均等意味着各个地区地方政府提供的公共服务产出是大致均等的，这就相当于政府为每个地区的居民提供了同等水平和可及程度相当的公共服务。产出均等未必会带来结果（受益）均等，因为不同居民的公共服务需求偏好和消费能力不同。例如，在同一个班级内部，虽然教师向所有的学生提供共同的教学服务，但学生的成绩却存在明显的差异，这是因为不同学生的禀赋、智商、家庭背景、努力程度不同，也就是说不同学生具有不同的消费能力，导致教育结果不同。对于非纯公共服务而言，如医疗卫生服务，消费者需要自己承担一定的服务成本，即便政府向所有居民提供数量相当、质量相当、可及程度相当的医疗卫生服务，但许多贫困居民可能仍然无法享有与富人同等水平的服务受益，因为他们没有能力消费。但这并不意味在医疗卫生服务方面产出均等化是不合意的均等化标准，因为能力不同导致医疗卫生服务结果（受益）不均等需要通过收入再分配和社会保障服务均等化来解决。这是另外一个层面的问题，与医疗卫生服务均等化无关。

综上所述，本书认为，从消费者的角度来看，合意的公共服务均等化标准为机会均等，从政府的角度来看，合意的公共服务均等化标准为产出均等，消费者的机会均等就等价于政府的产出均等。因此，本书界定公共服务均等化的内涵为：地区间公共服务产出均等化或地区间公共服务消费的机会均等化，即要求地方政府向所有辖区居民提供数量相当、质量相当、方便可及程度相当的公共服务。

2.2　公共服务产出均等化政策设计的思路

要推进公共服务产出均等化，其切入点和突破口应当是作为公共服务供给主体的地方政府。激励地方政府提供大致均等、充足且合意的公共服务供给水平，是均等化政策设计的主要目标。现阶段阻碍地方公共服务产出均等化的主要问题有以下几点。

第一，地区间存在巨大的财政能力差距。以 2011 年为例，人均财政收入最高的地区是北京，最低的是甘肃，前者人均财政收入是后者的 8.46 倍；平均来看，东部地区人均财政收入分别是中部地区和西部地区的 2.32 倍和 1.89 倍①。对于财政能力不足的地方政府而言，其生产或提供的公共服务很有可能也低于全国平均水平。因此，推进地方公共服务产出均等化首先需要解决的问题是如何通过转移支付或其他公共资金的再分配政策设计，提高财政能力不足的地区地方政府能够充足供给公共服务的能力。由于要对不同地区的财政资源进行重新分配，这一政策设计就涉及平等问题。

第二，地方政府提供公共服务的激励不足。在中国式财政分权体制下，地方政府承担了大量的事权和支出责任，它是地方公共服务最主要的供给者。由于公民参与不足、信息不对称和“自下而上”监督约束机制的缺失，地方政府往往根据自身的政策偏好和现实约束来确定地方公共服务供给的数量、质量、结构和方式等。当居民的需求因素与地方政府的政策目标不一致时，地方政府的供给决策很可能会违背辖区居民的意愿。近年来，基层政府在事关民生的义务教育、医疗卫生、社会保障、公共安全等公共服务领域会出现供给不足或不到位的情况，因此，推进地方公共服务产出均等化需要解决的另一个问题是，如何通过财政转移支付或其他公共资金的再分配政策设计，提升地方政府有效供给公共服务的意愿，这就涉及激励问题。由于政府内部财政约束机制和政策目标的不同，其提供公共服务的努力程度也存在较大差异，等量财政资源在不同地区未必能够转化为等量的公共服务供给水平。因此，通过政策工具激励地方政府提高公共服务供给效率，引导地方政府降低公共资金使用过程中的浪费、挪用和寻租行为，增进地方公共服务供给

① 数据来源于《中国财政年鉴》和《中国统计年鉴》。

的有效性与合意性，是实现公共服务产出均等化的基本保障。

综上所述，在现阶段的中国，要实现地方政府供给的公共服务产出均等化，必须通过某种制度或政策设计，实现对地方政府平等和激励的二维权衡，也就是说，既能为财政能力不足地区的地方政府提供财政资金援助，又能激励地方政府更有效地使用财政资金生产或供给公共服务，图 2-1 对这一政策设计的基本思路予以总结。

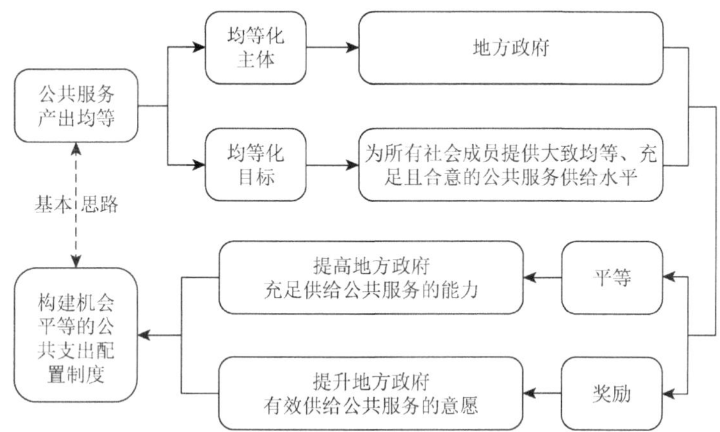

图 2-1　公共服务产出均等化政策设计的基本思路

2.3　机会平等的含义及政策设计：文献回顾与分析

满足平等和激励二维权衡的均等化制度称为地方公共服务的机会平等制度安排。本节将对机会平等的政策设计问题进行简要的文献回顾和分析。

2.3.1　机会平等的政治学解读

现代机会平等概念发轫于 20 世纪 70 年代 Rawls 的《正义论》所引发的政治哲学辩论。Rawls（1971）认为，当个体的社会阶层和家庭背景对其社会目标的实现不产生影响时，便实现了机会平等；Sen（1980）则指出，无论个人所处的社会环境如何，机会平等要求赋予每个人同等的备选机会空间；Dworkin（1981a，1981b）对 Rawls 和 Sen 的观点做了进一步的提炼，指出机会平等要求补偿个体由无法负责的环境因素导致的差异，但个体能为之负责的因素所带来的差异则不应获得补偿；其后，许多平等主义哲学家，如 Scanlon（1986）、Cohen（1989）、Arneson（1989，1990）等，也从不同的角度对机会平等问题进行了研究。他们都认为，只要个人具有获得同等结果的机会，那么即便个体结果的分配存在不平等，也依然符合分配正义原则。在 20 世纪 90 年代以前，对机会平等进行研究的主要是政治学领域的学者，他们既没有对机会平等的内涵做出准确的界定，也鲜有提出机会平等政策设计的明确规则，更没有对机会平等的程度和效应进行实证评估。总之，在这一时期，学者们对机会平等的理解还停留在哲学思辨的层面。

2.3.2　机会平等的经济学解读

此后，Roemer（1993，1996，1998）通过一系列开创性的研究，构建了一个机会平等的经济分析框架，从而将机会平等这一哲学思想转化为具有可操作性的政策设计目标。具体而言，Roemer 的工作可以归纳为以下两点。

（1）明确界定机会平等的内涵。Roemer 将决定个人目标能否实现的因素划分为环境和努力两类。环境是个人无法控制的外生因素，如性别、家庭背景和民族等；努力是个人能够控制的内生因素，如工作的努力程度、找工作的频率、受教育程度等。Roemer 指出，当个人目标的实现只反映其努力程度，而独立于其所处的外部环境时，社会便达到了机会平等状态。

（2）构建机会平等政策设计的分析框架。Roemer 将机会平等的政策目标概括为“拉平竞争平台”。他认为只有通过政策工具补偿处于不利环境的个人，但不补偿努力程度不足的个人，才能实现机会平等的目标。为此，他构建了一个社会福利函数最大化的分析框架来探讨机会平等政策的机制设计问题。具体的工作包括如下三个方面。

第一，根据个人所处的外部环境，将总体划分为 T 个类型，将属于同一类型的个体视为处于相似的外部环境中。在政策 ϕ 下，处于类型 t 中且努力水平为 e 的个体，其直接目标函数（如收入）的平均值为 $u^t(e,\phi)$[①]。

第二，选择可测的努力指标[②]，在各个类型内部，根据努力指标得分对个体进行排序。据此，将各个类型内部的个体划分为属于不同的相对努力分位[③]。Roemer（1998）认为，无论个体的外部环境属于哪个类型，只要他们处于各自类型内部努力分布的相同分位，则将其视为付出了同等的努力程度。在政策 ϕ 下，处于类型 t

---

① 之所以取平均值，是因为处于类型 t 中且努力水平为 e 的个体往往不止一个。间接目标函数的情况也是一样的。

② Roemer（1998）建议，如果努力指数不可测，则可以假定个体的目标值（收入）是努力的单调递增函数。这样就可以在各个类型内部，对个体的目标值进行排序，从而将个体按目标值划分为不同的分位。

③ Roemer（1998）认为，不应当以个体的原始努力水平 e 为合意的、可比较的努力程度衡量指标。因为这个原始努力水平已经被所处类型的特征（努力程度的分布）“污染”了。Roemer（1998）认为，通过将个体划分为不同的相对努力分位，可以“过滤”环境对努力的影响，得到一个类型之间可比的努力程度衡量指标。例如，那些位于各自类型内部相同努力分位的个体，可以视为付出了同等的努力程度（Page and Roemer，2001）。

中且相对努力水平位于第 π 分位的个体，其间接目标函数的平均值为 $v^t(\pi;\phi)$ 。

第三，确定机会平等政策的最大最小机制。Roemer（1998）提出，通过最大化每个努力分位上处于最差外部环境类型个体的间接目标函数的平均值来制定机会平等政策，即选择政策满足：$\max\int_0^1 \min_t\{v^t(\pi;\phi)\}\mathrm{d}\pi$ 。这一最大化问题得到的解称为机会平等政策 ϕ^{EOP} ①。

图 2-2 对机会平等的内涵与政策设计的思路进行了直观的总结。

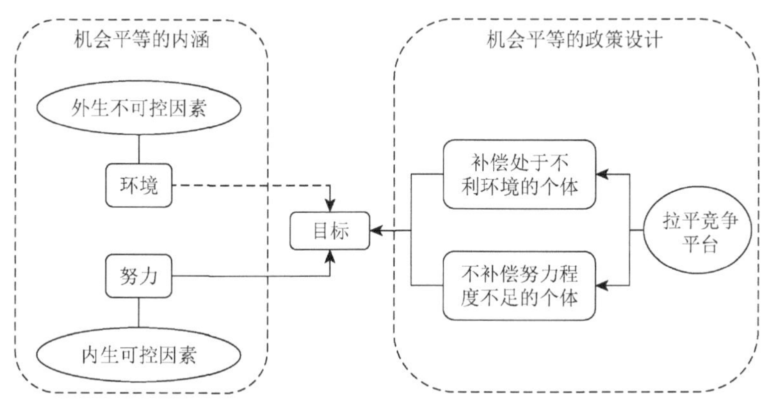

图 2-2　机会平等的内涵与政策设计的思路

运用图 2-2 的思路，Roemer 及其合作者开展了一系列应用研究。在微观层面，Page 和 Roemer（2001）利用美国居民收入的抽样调查数据，实证测度了美国税收制度实现机会平等的程度；Roemer 等（2003）利用美国和 10 个欧洲国家的入户调查数据，实证评估这 11 个国家的税收制度在多大程度上均等化了居民获取收入的机会；Betts 和 Roemer（2006）研究了为均等化获取工资所得的机会，应如何对政府教育支出进行再配置。在宏观层面，Llavador 和 Roemer（2001）以 55 个发展中国家的经济增长率为目标，将各国的宏观经济管理水平视为努力变量，通过构建最大最小模型，测算出实现机会平等目标的国际援助分配方案，并将机会平等分配方案与实际分配方案、功利主义分配方案及罗尔斯主义分配方案进行比较。

Hild 和 Voorhoeve（2001）对 Roemer 的方法提出了质疑。他们认为 Roemer 的方法可能存在严重的缺陷，具体表现为：①Roemer 的方法只能处理环境和努力是单维变量的情形。当环境是多维变量时，对个体进行分类将变得极为复杂；当努力是多维变量时，对个体进行排序将无法进行。②当单维的环境变量和努力变量存在较高相关性时，如处于最不利外部环境的个体恰好是付出努力

① EOP 为 equality of opportunity（机会平等）的简写。

程度最低的个体，Roemer 的方法将导致机会平等政策设计出现系统的偏差。③即便环境和努力变量不存在较高的相关性，但当同一类型内部努力变量与其他未考虑的努力变量存在较高相关性时，也会导致机会平等政策出现系统偏差。④Roemer 的最大最小模型只考虑补偿每个努力分位上最差类型的个体，这导致最终的机会平等政策是不完全的，并没有利用所有可能的帕累托改善机会。Hild 和 Voorhoeve（2001）提出了解决后两个缺陷的办法。针对缺陷③，他们认为，一旦将个体的特征划分为环境和努力，那么严格的机会平等只需简单地均等化所有具有相同努力程度的个体的目标函数即可，无须再按照环境变量对个体进行分类；针对缺陷④，他们提出了从最差到较差依次补偿的“字典式”最大最小方案，能够确保机会平等政策实现帕累托最优，但他们也承认，这一方案在实际应用中不具有可行性。

近年来，受 Roemer 研究的启发，许多学者在参考代际流动性研究成果的基础上，利用基于多元回归分解技术来衡量收入分配的机会平等程度（Bourguignon et al.，2007；Pistolesi，2009；Ferreira and Gignoux，2011）。这一方法能够处理存在多维环境和努力变量的情形，较好地解决了上述 Hild 和 Voorhoeve 提出的缺陷①，此外，该方法还能识别每一个环境或努力变量对机会不平等的贡献度。遗憾的是，多元回归分解技术无法对具体政策的机会平等效应进行评估（Bourguignon et al.，2007），也无法测算出实现机会平等目标的最优政策值，因此，它的实践应用价值受到一定的限制。

还有一些学者将不平等衡量指数引入 Roemer 的分析框架。他们用不平等指数替换了 Roemer 的社会福利函数，从而将机会平等的研究重新纳入纯粹平等的框架。其中，Ruiz-Castillo（2003）运用泰尔第一指数及其分解技术，分别对努力导致的机会不平等和环境导致的机会不平等进行测算；Rodríguez（2008）利用基尼系数，构建了机会不平等曲线，对美国和 11 个欧洲国家居民收入分配的机会不平等程度进行偏排序。Moreno-Ternero（2007）在设计机会平等政策时，通过最小化付出相同努力程度的群组内部个体收入分布的最大最小指数，实现了对个体收入分布的整体考虑，在一定程度上回避了 Hild 和 Voorhoeve 提出的缺陷④。

2.4 机会平等导向的公共服务产出均等化制度：分析框架

2.4.1 机会平等导向的公共服务产出均等化政策设计的基本要求

当地方政府公共服务供给努力程度不同时，通过财政资金的再分配，缩小地方政府间财政能力的差距，追求地方财政资源分配的绝对平等，其结果可能会导致地方公共服务供给水平更为严重的不平衡。因为一旦公共服务供给努力不足地区获得了更多的财政补助，其财政资金的使用效率可能会进一步降低，从而对其公共服务供给行为产生更大的扭曲。因此，机会平等导向的公共服务产出均等化制度设计的重心应当是实现激励与平等的权衡，即在不扭曲地方政府公共服务供给努力水平的同时，通过公共财政资金的重新配置，促进地方政府间财政能力的大致均衡，为实现地方公共服务供给水平的大致均等创造条件。

2.4.2　机会平等导向的公共服务产出均等化政策设计的基本思路

机会平等导向的公共服务均等化政策设计和重构思路是通过均等化制度安排补偿处于不利外部环境的地方政府，但不补偿公共服务供给努力程度不足的地方政府，这样既实现一定程度的公平目标，又避免追求绝对平均主义对地方政府公共服务供给行为产生逆向激励效应。

按这一思路来设计机会平等导向的公共服务产出均等化制度安排，关键是要准确测度地方政府的公共服务供给努力程度。公共服务供给努力程度指数不仅应衡量地方政府在给定预算约束下，尽可能生产或供给更多公共服务所付出的努力水平，还应衡量地方政府尽可能满足居民对公共服务的需求偏好所付出的努力水平，因此，公共服务供给努力程度可能是多维的。我们采用公共服务供给效率指数作为公共服务供给努力程度指数的替代指标。具体包括两个层面的效率指数：生产效率和配置效率。生产效率衡量的是公共服务产出和投入的比率。当政府在给定投入下能够实现公共服务产出的最大化，或在给定公共服务产出下能够实现投入的最小化时，公共服务的生产便满足生产效率条件。配置效率衡量的是公共服务供给相对于公共需求的充分性和匹配性。当政府供给的公共服务能最大限度地满足居民的公共需求时，公共服务的供给便满足配置效率条件（Savas，1978）。

假定存在 N 个地方政府，每个地方政府提供的公共服务产出水平为

$$P_i = f(c_i, I_i, e_i^A, e_i^p), \quad i = 1, 2, \cdots, N \tag{2-1}$$

式（2-1）表明，第 i 个地区地方政府生产的公共服务水平取决于四个变量：① c_i 是第 i 个地区公共服务生产所面临的外部环境。给定投入不变，某地区的生产环境越好，其供给的公共服务产出就越高。② I_i 是第 i 个地区的公共投入水平。通常情况下，某个地区投入的公共资金越多，生产或供给的公共服务水平就越高。③ e_i^A 是第 i 个地区的公共服务配置效率得分。配置效率越高，并不意味着公共服务产出就越高，二者的关系取决于居民对公共服务的需求偏好状况。④ e_i^p 是第 i 个地区的公共服务生产效率得分。给定投入不变，某地区生产效率越高，其供给的公共服务产出就越高。

从政策设计的角度来看，能够成为政府政策工具的只有公共投入水平，因此，将隐函数式（2-1）重写为公共投入水平的函数为

$$I_i = I(e_i^A, e_i^p, c_i, P_i)\text{，}\quad i = 1,2,\cdots,N \qquad (2\text{-}2)$$

式（2-2）表明，给定公共服务的产出水平，第 i 个地区政府需要投入的公共资金是公共服务供给努力程度（配置效率和生产效率）及外部环境的函数。

如果能够测度出每个地区地方政府 e_i^A 和 e_i^P 的值，则利用这两个指数对地方政府进行分组，将具有相似公共服务努力程度的地方政府归为一组，将努力程度存在明显差异的地方政府区别开来。假定将 N 个地方政府划分为 J 组，由于组内公共服务供给努力程度是一致的，则组内地方政府公共投入水平的差异主要来自外部环境和产出水平的差异，即

$$I_i^j = I(c_i^j, P_i^j);\ \sum_{j=1}^{J} n_j = N,\quad i = 1,2,\cdots,n_j;\ j = 1,2,\cdots,J \qquad (2\text{-}3)$$

在同一组内部努力程度相同，因而有

$$P_i^j = f(c_i^j, I_i^j) \qquad (2\text{-}4)$$

代入式（2-3），将其重写为

$$I_i^j = I[c_i^j, f(c_i^j, I_i^j)];\ \sum_{j=1}^{J} n_j = N,\quad i = 1,2,\cdots,n_j;\ j = 1,2,\cdots,J \qquad (2\text{-}5)$$

根据隐函数式（2-5），可以解出第 j 组第 i 个地区地方政府的公共投入水平是其环境的函数为

$$I_i^j = \phi(c_i^j)\text{，}\quad i = 1,2,\cdots,n_j;\ j = 1,2,\cdots,J \qquad (2\text{-}6)$$

测算第 j 组公共投入水平的组内不平等程度（泰尔第一指数）为

$$\mathrm{TH}_j = \frac{1}{n_j}\sum_{i=1}^{n_j}\left[\left(\frac{I_i^j}{\mu_j}\right)\cdot\ln\left(\frac{I_i^j}{\mu_j}\right)\right] \qquad (2\text{-}7)$$

其中，I_i^j 是第 j 组第 i 个地区的人均财政支出（公共投入）；μ_j 是第 j 组各地区人均财政支出的平均值。组内的地方政府具有同质的公共服务供给努力程度，因此，组内公共投入的不平等主要源于不同地方政府在生产公共服务时所处外部环境的差距。也就是说，TH_j 的高低仅与环境有关而与努力无关，由此可以用它来衡量第 j 组公共投入的机会不平等程度。进一步，对所有群组的泰尔第一指数求取平均值，得到：

$$\mathrm{TH}_{\mathrm{op}}^{z} = \frac{1}{J}\left(\sum_{j=1}^{J}\frac{1}{n_j}\sum_{i=1}^{n_j}\left[\left(\frac{I_i^j}{\mu_j}\right)\cdot\ln\left(\frac{I_i^j}{\mu_j}\right)\right]\right) \qquad (2\text{-}8)$$

$\mathrm{TH}_{\mathrm{op}}^{z}$ 衡量了地方政府公共投入分布的整体机会不平等程度。当 $\mathrm{TH}_{\mathrm{op}}^{z}$ 等于 0

时，便实现了完全的机会平等，此时群组内所有地区的投入是一样，环境对地方政府公共投入没有影响。只有群组间才存在投入的差异，这一差异完全归因于努力程度的不同。受预算约束等条件的限制，$\text{TH}_{\text{op}}^{z}$ 等于 0 是不现实的，但是通过重新配置各地区的公共投入，可以最小化地方政府公共投入的机会不平等程度。因此，以机会不平等程度最小化为目标，测算公共资金的最优分配方案，并依据最优分配方案与现实分配方案的差异，可以判断现有公共资金的配置方案在多大程度上偏离机会平等的目标，由此实现对在机会平等导向下公共服务的非均衡程度进行评估。

构建如下非线性最小化模型：

$$\text{TH}_{\text{op}}^{*} = \underset{\{X\}}{\arg\min}\left\{\frac{1}{J}\left(\sum_{j=1}^{J}\frac{1}{n_j}\sum_{i=1}^{n_j}\left[\left(\frac{X_i^j}{\mu_j}\right)\cdot\ln\left(\frac{X_i^j}{\mu_j}\right)\right]\right)\right\} \tag{2-9}$$

约束条件为

$$\sum_{i=1}^{n_j}\text{pop}_i^j X_i^j = B^j \tag{2-10}$$

$$X_i^j \geqslant \kappa_i^j,\quad j=1,2,\cdots,J \tag{2-11}$$

其中，$\text{TH}_{\text{op}}^{*}$ 是最优（小）机会不平等值；pop_i^j 是第 j 组第 i 个地区的人口规模；B^j 是第 j 组各地区财政支出的总额；κ_i^j 是第 j 组第 i 个地区的人均生计财政支出。约束条件式（2-10）称为分组预算平衡约束条件，即第 j 组的最优公共投入数额在总量上等于其实际的公共投入数额。引入这一约束条件后，我们在求解非线性最小化模型式（2-9）时，通过对各个群组内部财政资金的重新配置（在同一群组内部，将更多的财政资金分配给人均财政支出不足的地区），达到降低整体机会不平等程度的目的，这并没有改变群组之间公共资金的配置格局，从而避免了最优方案对地方政府公共服务供给努力程度可能产生的影响。约束条件式（2-11）称为基本保障约束条件，即每个地区最优人均公共支出额必须大于或等于人均生计财政支出。人均生计财政支出是满足居民最低公共服务需求所必需的公共投入水平。约束条件式（2-11）的意义表现为机会平等不能与底线均等冲突，如果不施加这一约束，在求解非线性最小化模型式（2-9）过程中，有可能求出的最优解中某些地区的公共投入水平为 0，甚至为负数，这显然不符合实际，也与公共服务均等化的目标相矛盾。在施加了这一约束后，无论地方政府的公共服务供给努力程度如何，首先确保它能够获得一笔公共资金用于提供基本保障水平的公共服务，超过这一水平的公共资金才会按照最优化过程在地方政府间进行重新配置，以实现机会不平等程度最小化。

2.5 本章小结

本章探讨了机会平等导向的公共服务均等化的含义与政策设计的思路。本书认为，居民消费公共服务的机会均等与政府提供公共服务的产出均等是公共服务均等化的基本内涵，也就是说，政府应向所有社会成员一视同仁地提供数量相当、质量相当、方便可及程度相当的公共服务。为实现这一均等化目标，应以地方政府为均等化主体，设计地方政府机会平等导向的公共服务均等化制度或政策。这一制度或政策的基本要求是，通过地方政府间财政资金的重新配置，补偿处于不利外部环境的地方政府，提高其供给公共服务的财政能力，同时不补偿公共服务供给努力程度不足的地方政府，避免财政援助对其公共服务供给努力产生逆向激励效应。

为此，本章提出一个以组内泰尔第一指数为基础的测算公共服务机会平等政策的分析框架，利用这一框架可以实现下述三个目标：一是整体评估现有地区间公共支出的不平等有多大比例源于地方政府的机会不平等；二是测算机会平等目标下地区间公共服务投入的最优配置模式；三是评估现有公共支出地区配置模式与最优模式的差异，从分省层面实现对公共服务机会不平等程度的评估。

为运用上述分析框架，需要完成如下几点基础性工作。

（1）测算公共服务供给努力程度。第 3 章和第 4 章将分别对公共服务的配置效率和生产效率进行测度，以获得二维努力程度指数的数据。

（2）测算生计公共支出。第 5 章通过构建一个涵盖所有支出类别的扩展线性支出系统，测算各种公共支出的生计公共支出。

（3）利用公共服务努力程度指数对地方政府进行分组。

（4）测算机会不平等程度最小化的公共支出地区配置模式，比较现有模式与最优模式的差异。后两项工作将在第 6 章完成。

此外，公共服务的种类繁多，受数据可获性的限制，不可能测算每种公共服务的机会不平等程度。下面我们将选择义务教育服务和医疗卫生服务作为实证分析的对象。选择这两种公共服务的原因是：第一，从公共服务的属性来看，二者都属于基本公共服务，其供给有效性与居民的福利水平及社会发展息息相关，测度其供给非均衡程度具有重要的现实意义；第二，从数据的可获性来看，二者都拥有比较合意的产出和受益衡量指标，实证分析拥有较为充分的数据支持；第三，从重要性来看，教育经费和卫生经费是地方预算支出的重要组成部分，二者合计占地方预算总支出的比重达到 25%左右，提供义务教育服务和医疗卫生服务是地方政府最重要的两个职能；第四，从供给制度来看，二者的财政融资制度安排存在明显差异，由此导致地方政府在供给两种公共服务时面临不同的激励结构，进而对两种公共服务的供给努力程度和机会不平等程度都会产生不同的影响。通过测度这两种公共服务的机会不平等程度并检验其影响因素，可以明确何种财政融资制度安排在实现地方公共服务供给的激励与平等的权衡方面发挥了更为积极的作用。

第3章　公共服务供给努力程度测度：配置效率

3.1　公共服务配置效率的内涵：简单的理论分析

通常认为纯公共服务的消费具有强制性，其供给和消费是同一个过程，如国防服务。不管一国的居民是否愿意，只要他居住在该国境内，则其消费的国防服务与政府提供的国防服务是一致的。然而，对许多地方公共服务而言，政府供给的公共服务与居民实际享有的公共服务可能存在差异。举例来说，政府在城市的边缘地带修建了一个大型公共广场，由于交通不便等原因，城市居民并不愿意到该广场休闲娱乐，广场的实际利用率偏低，居民并未从政府的供给中受益太多。因此，一方面，公共服务供给是受益的基础和前提，没有政府提供的公共服务，居民的公共需求就得不到满足；另一方面，由于不同居民将政府供给的公共服务转化为公共服务受益的意愿和能力存在差异，当政府提供的公共服务与居民的需求偏好不匹配时，公共服务的供给和受益就会出现差异。

基于这一思想，Savas（1978）将公共服务的配置效率界定为公共服务的有效性（effectiveness）。他认为，当政府提供的公共服务的规格和质量等恰好满足居民的公共需求偏好时，则公共服务的供给是配置有效率的。Shah（2004）也提出了判断公共服务配置效率的“回应性”标准，即只要政府供给的公共服务能有效满足居民的需求偏好，则公共部门的资源配置便处于偏好匹配的效率状态。因此，根据配置效率标准，政府提供的公共服务并不是越多越好，而是存在一个合意的有效水平，这一水平由居民的公共需求偏好决定。如果与居民的实际需求相比，公共服务供给过度或供给不足，则政府的供给行为便处于配置无效率状态。

Bradford 等（1969）区分了公共部门直接提供的公共服务（*D*-产出）和居民消费的公共服务（*C*-产出）。他们进一步指出，公共部门供给的公共服务是公共投入的函数，而居民消费的公共服务又是公共服务供给量的函数。龚锋等（2010）也指出，政府提供的公共服务是居民消费和享用公共服务的基础，但是不同居民将政府供给的公共服务转化为公共服务受益的意愿和能力存在差异，因此，二者又不完全等同。从公共服务供给和居民偏好的差异入手，Savas（1978）提出衡量公共服务供给有效性的标准：“有效性衡量的是服务的需求在多大程度上得到满足，以及不合意的负面影响在多大程度上得以避免。它衡量的是服务相对于需求的充分性。”基于这一思想，我们将满足有效性的公共服务供给称为实现了公共服务的配置效率；反之，将不满足有效性的公共服务供给称为配置无效率，具体表现为：与实际需求偏好相比，公共服务的供给过度或供给不足。

遵循 Schwab 和 Zampelli（1987）、Davis 和 Hayes（1993）、Hayes 等（1998）的模型设定，假定居民的公共服务受益水平 G 取决于公共服务的供给量 P 和反映居民消费偏好和能力的个体特征变量 Z：

$$G = G(P, Z) \tag{3-1}$$

其中，函数 G 满足 $G_P > 0$，$G_{PP} \leqslant 0$。Z 是影响居民公共服务受益的特征变量向量，不同变量对公共服务消费的影响可能不同。P 如何转化为 G 取决于政府公共服务供给的合意性，同时受居民个体偏好特征的影响。

在现代经济学教科书中，假定政府官员是自利的“寻租型”官员，致力于租金的最大化。我们将租金 R 定义为用于提供公共服务的实际公共支出与公共服务最低可行供给成本的差额①：

$$R = \omega P - C(P) \tag{3-2}$$

其中，ω 是单位支出；ωP 是公共服务供给的实际公共支出；$C(P)$ 是公共服务最低可行供给成本，假定公共服务最低可行供给成本函数是递增的凸函数，即 $C_p > 0$，$C_{pp} > 0$。

假定政府官员通过选择公共服务供给量 P 以实现式(3-2)中租金 R 的最大化。此时，政府官员面临以下三个约束。

（1）政府预算平衡约束：

$$\omega P = T \tag{3-3}$$

（2）居民预算平衡约束：

$$x + T = y \tag{3-4}$$

（3）居民的参与约束：

$$V(x, G) \geqslant \bar{V}(y) \tag{3-5}$$

其中，T 是政府向代表性居民征收的财政收入；x 是代表性居民的私人消费，其价格标量化为 1；$V(x,G)$ 是代表性居民的效用函数，其效用来自对私人品和公共服务的消费；$\bar{V}(y)$ 是代表性居民的最低效用水平。式（3-5）意味着代表性居民

① 实际公共支出与公共服务最低可行供给成本的差额是政府在提供公共服务过程中消耗掉原本可以节约的公共资源。这既有可能是因为官员努力不足而导致的资源浪费，也有可能是官员有意寻租，将公共资源转化为私人利益的结果，无论何种原因，政府官员都能从中获益（租金增加或努力程度降低），因此我们将这一差额界定为广义的租金 R。

的效用不能低于某个最低效用水平，这一最低效用水平取决于居民的收入水平 y[①]。对效用函数作标准的设定：$V_x,V_G>0$，$V_{xx},V_{GG}<0$，$V_{Gx}=V_{xG}>0$[②]。

政府官员的问题是在式（3-3）～式（3-5）三个约束下，通过选择 P 和 T 以实现式（3-2）中租金 R 的最大化。将式（3-3）代入式（3-2），式（3-4）代入式（3-5），写出拉格朗日函数：

$$L=[T-C(P)]+\lambda[V(y-T,G(P,Z))-\bar{V}(y)]$$

得到一阶条件为

$$L_T：\ 1-\lambda V_x=0 \tag{3-6}$$

$$L_P：\ -C_p+\lambda V_G G_p=0 \tag{3-7}$$

将上述一阶条件合并，得到式（3-8）：

$$\frac{V_G}{V_x}=\frac{C_p}{G_p} \tag{3-8}$$

其中，$\frac{V_G}{V_x}$ 是公私物品间的边际替代率；C_p 是公私物品间的边际转换率[③]。因此，可以将式（3-8）重写为

$$\mathrm{MRS}_{Gx}=\frac{\mathrm{MRT}_{Gx}}{G_p} \tag{3-9}$$

公共服务的最优配置效率条件为萨缪尔森条件：$\mathrm{MRS}_{Gx}=\mathrm{MRT}_{Gx}$。$G_p$ 代表在给定居民个体特征和需求偏好的前提下，政府提供公共服务的合意性。根据式（3-9），可形成以下判断。

（1）当 $G_p=1$ 时，$\mathrm{MRS}_{Gx}=\mathrm{MRT}_{Gx}$，公共服务的供给与需求相匹配，满足公共服务的配置效率条件。

（2）当 $G_p>1$ 时，有 $\mathrm{MRS}_{Gx}<\mathrm{MRT}_{Gx}$，这意味着居民愿意用公共服务替代私人品的比例低于技术上可行的公私物品替代比例。相对于居民的公共服务偏好，政府对公共服务的供给是过度的，公共服务供给不满足配置效率条件。

（3）当 $G_p<1$ 时，有 $\mathrm{MRS}_{Gx}>\mathrm{MRT}_{Gx}$，这意味着居民愿意用公共服务替代私人品的比例高于技术上可行的公私物品替代比例。居民对公共服务的偏好更强烈，超出了政府实际可行的供给能力，存在公共服务供给不足的问题，公共服务供给也不满足配置效率条件。

---

① 当然，影响居民最低效用水平的变量除收入以外，还包括居民的其他个体特征变量。此处仅将收入 y 纳入最低效用函数，是为了强调最低效用与一般效用的区别，即最低效用是指当居民将全部收入都用于私人消费，不纳税从而公共服务消费为零时获得的效用。将 y 改成 Z 不影响理论推导的结果。

② 由此表明，在本书的框架下，公私物品是互补品。典型的互补品例子是：私人汽车与公共道路。

③ 我们假定私人品的价格标量化为 1，因此有 $C_x=1$，从而有 $C_p=\frac{C_p}{1}=\frac{C_p}{C_x}=\mathrm{MRT}_{Gx}$。

3.2 实证方法

理论分析为实证评估公共服务配置效率提供了一个可行性的思路。如果能够选取合意的公共服务受益和产出指标，那么通过构建公共服务受益函数，将公共服务受益表示成公共服务产出的函数，则估计得到的公共服务产出的系数就可以用于判断公共服务供给是否满足配置效率条件。

构建一个线性公共服务受益函数：

$$G(P,Z)=\beta P+\varphi Z \tag{3-10}$$

根据式（3-10），有 $G_P=\dfrac{\partial G}{\partial P}=\beta$。因此，如果能对式（3-10）进行估计，则估计得到的参数 β 就可以用于判断公共服务的配置效率状况。

可以利用中国各地区的面板数据对式（3-10）进行估计。假定不同地区居民个体特征对公共服务受益的影响是同质的，但居民将公共服务产出转化为受益的意愿和能力存在差异，则将式（3-10）改写为如下待估函数形式：

$$G_{it}=\alpha_i+\rho_t+\beta_{it}\cdot P_{it}+\varphi\cdot Z_{it}+u_{it}\text{，}\quad i=1,2,\cdots,N\text{；}\quad t=1,2,\cdots,T \tag{3-11}$$

其中，G_{it} 是各地区的公共服务受益水平，反映的是居民从地方公共服务中实际获得的受益水平；P_{it} 是地方政府的公共服务产出水平（供给量）；Z_{it} 是各地区居民的个体特征变量向量；α_i 是地区固定效应项；ρ_t 是时期固定效应项；u_{it} 是干扰项；β_{it}（在地区和年度间不同）和 φ（在地区和年度间相同）是待估参数。

根据上文的理论分析结果，如果能够估计得到 β_{it} 的值，并将其与 1 进行比较，就可以据此判断各地区每年公共服务的配置效率水平。然而，通过构建普通的面板数据模型，无法对式（3-11）进行估计，因为模型中待估参数的个数超过了样本个数，自由度不够。结合本书的研究目的，一个可行的建模方法①是，假定 β_{it} 是财政分权等外生环境变量的函数：

$$\beta_{it}=\phi_i+\delta\cdot\text{decentralization}_{it}+\Psi\cdot M_{it} \tag{3-12}$$

其中，$\text{decentralization}_{it}$ 是财政分权程度变量；M_{it} 是影响地方公共服务供给行为的其他外生环境变量向量；ϕ_i 是地区固定效应项；δ 和 Ψ 是待估参数。式（3-11）表明 β_{it} 的异质性反映的是各地区公共服务配置效率的差异，而式（3-12）表明 β_{it} 的异质性源于各地区财政制度安排和经济社会环境的差异。将式（3-12）代入式（3-11）得到：

$$\begin{gathered}G_{it}=\alpha_i+\rho_t+\left[\phi_i+\delta\cdot\text{decentralization}_{it}+\Psi\cdot M_{it}\right]\cdot P_{it}+\varphi\cdot Z_{it}+u_{it},\\ i=1,2,\cdots,N\text{；}\quad t=1,2,\cdots,T\end{gathered} \tag{3-13}$$

① 类似的建模思路可以参看 Langørgen 和 Aaberge（1999）。

利用省级面板数据直接估计模型式（3-13）[①]，既可以在控制各省固定效应的情况下获得参数δ的估计值，从而直接检验财政分权对地方公共服务配置效率的影响，还可以根据估计参数和财政分权等变量的数据，利用式（3-12）计算各地区的公共服务配置效率水平β_{it}。需要强调的是，由于公共服务受益（被解释变量）和公共服务产出（解释变量）的度量单位不同，为消除度量单位对β_{it}的影响，确保β_{it}与1相比有意义，在进行估计之前，需要对公共服务受益和公共服务产出指标进行无量纲化处理。

3.3 变量与数据

3.3.1 变量选取

1. 地方公共服务产出和受益衡量指标

为全面准确地反映地方公共服务产出和受益水平，必须选取多维的衡量指标，并采用合意的综合评价方法将多维指标合并成单维的组合指标。

在中国，义务教育由小学和初中两个阶段构成。我们选取初中师生比、初中本科及以上学历教师比重、万人初中在校学生数、万人初中学校数、初中生均校舍面积、初中生均图书藏量、初中生均固定资产价值、小学师生比、小学本科及以上学历教师比重、万人小学在校学生数、万人小学学校数、小学生均校舍面积、小学生均图书藏量、小学生均固定资产价值共14个指标作为各地区义务教育服务的产出指标。义务教育服务主要体现在教师向学生提供的授课和辅导服务。给定其他情况相同，某地区义务教育阶段学校越多、在校学生数量越多、教师人数越多和素质越高、学校的教学设备和条件越好，则该地区义务教育服务供给主体（学校）提供的授课和辅导服务的数量和质量就越高，义务教育服务的供给量就越高。同时，我们选取小学升学率、初中升学率、15岁及以上人口识字率、人均受教育程度四个指标作为各地区义务教育服务的受益指标。如式（3-10）所示，义务教育服务受益水平取决于其服务供给水平，通常情况下，服务供给水平越高，居民的受益水平也越高。但是，义务教育服务的受益和产出也不是完全对应的，如果学校提供的义务教育服务与居民的需求偏好不一致（如教学方法不当或传授的知

① P和G之间可能存在双向因果关系，为控制这一内生性的影响，我们尝试构建一个联立方程组模型。模型由两个方程构成，一个是式（3-13），另一个是将式（3-13）中被解释变量和解释变量的位置互换得到的方程。我们采用极大似然估计法对这一联立方程组进行估计，得到的估计结果与单方程的估计结果并无显著差异，而基于联立方程组模型计算得到的配置效率得分与单方程模型计算得到的配置效率得分存在高度的相关性，在不同的模型设定下二者的相关性均未低于0.999。也就是说，即便本书构建的模型存在双向因果关系，但这一内生性并未对最终的估计和测算结果产生明显影响。因此，本书仍然沿用单方程的建模程序。

识陈旧)，或由于受教育者的个人原因(如家庭条件、智力水平、学习努力程度等)，义务教育服务未必能真正转化为受教育者的受益。此时，义务教育服务的供给量和受益水平之间就出现了偏差，导致这一偏差的原因可以归结为义务教育服务供给的合意性不足或受教育者的个体特征和偏好差异。

医疗卫生服务由医疗保健和卫生防疫服务构成。我们选取门诊诊疗人次数、住院病人手术人次、出院者平均住院日、危重病人抢救人次、健康检查人数、产前检查率、新法接生率、万人医疗卫生机构床位数、万人医疗卫生机构人员数共九个指标作为各地区医疗卫生服务的产出指标。这些指标分别反映的是各地区提供门诊和住院服务、疾病预防服务、妇幼保健服务等医疗卫生服务的供给水平。同时，选取急诊病死率（的倒数)、观察室病死率（的倒数)、危重病人抢救成功率、甲乙类法定报告传染病发病率（的倒数)、甲乙类法定报告传染病死亡率（的倒数)、孕产妇死亡率（的倒数）共六个指标作为各地区医疗卫生服务的受益指标。居民从医疗卫生服务中受益的大小不仅取决于医疗卫生服务的供给量，还取决于这些服务能否有效满足居民的医疗卫生需求，同时还与居民的身体素质和经济状况等因素有关。

为估计模型（3-13)，需要将上述多维的义务教育服务和医疗卫生服务产出和受益指标合并成单维的变量。我们采用 Federici 和 Mazzitelli（2009）的动态主成分分析法，在对指标进行无量纲化处理后，将多维指标综合成年度间可比的单维产出和受益指标。该方法改进了普通主成分分析结果在年度间不可比的缺陷，确保得到的综合指标可以用于面板数据分析。

2. 影响地方公共服务受益水平的个体特征变量

利用义务教育服务和医疗卫生服务的数据分别估计模型（3-13）时，还需要控制个体特征变量 Z 。根据公共服务需求的实证研究(Turnbull and Mitias，1995)，居民的收入水平、服务价格、人口规模和人口结构等因素共同决定了公共服务的受益水平。因此，我们在两类公共服务的估计方程中都引入人均 GDP 变量，以控制居民收入水平对基本公共服务受益的影响效应；同时，还在两类公共服务的估计方程中引入人口规模和人口自然增长率两个变量，以检验人口存量和增量是否会影响居民的公共服务受益水平，从而判断两类公共服务的受益是否具有规模效应。此外，我们还在义务教育服务的估计方程中引入教育消费价格指数和 15 岁以下人口比重两个变量，控制服务价格和人口结构因素对义务教育服务受益的影响，同时在医疗卫生服务的估计方程中引入医疗消费价格指数和 65 岁及以上人口比重两个变量，控制服务价格和人口结构因素对医疗卫生服务受益的影响。

3. 影响地方公共服务配置效率的财政分权及其他外生环境变量

财政分权是影响地方公共服务配置效率的重要因素，但是财政分权的度量一直是相关研究领域的难题。龚锋和雷欣（2010）构建了多维财政分权衡量指标体系，具体包括地方财政收入自治率、地方财政收入占比、地方财政支出自决率、地方财政支出占比、地方税收管理分权度、地方行政管理分权度六个指标。通过对标准化后的六个指标求取几何平均值，他们还获得了一个单维的财政分权组合指标。本书借鉴和利用其提供的财政分权测度方法和数据①，分别检验不同类型的财政分权指标对地方公共服务配置效率的影响。此外，我们还在回归模型中引入其他可能影响地方政府公共服务供给的行为，从而影响公共服务配置效率的外生环境变量，包括经济发展水平（人均 GDP）、对外开放度（进出口总额/GDP）、城镇化率（城镇常住人口/总人口）、国有化率（国有职工人数/职工总人数）、工业化率（第二产业增加值/GDP）、地方预算外收入比例（预算外收入/GDP），这也是国内实证研究财政分权问题时广为采用的外生环境变量（王文剑和覃成林，2008；周业安和章泉，2008）。

3.3.2　数据来源

考虑到数据的可获性，本书选取的是 2002～2010 年中国 30 个省级行政单位（不包括西藏自治区、香港、澳门和台湾）的面板数据集。数据来源情况如下：义务教育服务产出和受益指标数据根据历年《中国教育统计年鉴》中的原始数据计算整理得到；医疗卫生服务产出和受益指标数据根据历年《中国卫生统计年鉴》中的原始数据计算整理得到；财政分权变量的数据根据龚锋和雷欣（2010）的方法计算得到；其余个体特征变量和外生环境变量根据历年《中国统计年鉴》《中国人口统计年鉴》《新中国六十年统计资料汇编》的原始数据计算整理得到。

3.4　实证结果与分析

3.4.1　财政分权与地方公共服务配置效率相关性的检验结果

1. 财政分权与义务教育服务配置效率

表 3-1 中的模型 1 引入的财政分权变量是财政分权组合指标，模型 2～模型 6 分别引入的是其余五个单维财政分权指标。根据模型 1 的估计结果判断，综合来看，财政分权对义务教育服务配置效率具有显著的负向影响，即财政分权程度越高的地

① 龚锋和雷欣（2010）提供的数据仅到 2007 年，我们沿用其方法将数据扩展到 2010 年。但从 2008 年以后，《中国税务年鉴》不再提供计算地方税收管理分权度的主要数据“地方税务局职工数”，因此无法计算这一分权指标。故 2008 年以后的组合财政分权数据是不包括地方税收管理分权度的其余五个指标的加权平均。同样由于这一数据缺失问题，后文在检验不同财政分权指标对公共服务配置效率的影响时，也没有对地方税收管理分权度进行分析。

区，义务教育服务配置效率得分越低[①]。但从模型 2～模型 6 的估计结果来看，不同维度的财政分权对地方义务教育服务的配置效率状况具有不同方向的影响，其中地方行政管理分权度、地方财政支出占比、地方财政收入占比对地方义务教育服务配置效率都具有显著的正向影响（在 1%的统计水平上显著）；而地方财政支出自决率、地方财政收入自治率却对地方义务教育服务配置效率具有负向的不利影响，且估计系数至少在 5%的水平上显著。上述不同分权指标的估计系数表明，当地方政府拥有更大的行政管理自主权和公共资源配置权时，由地方政府更多地掌握财政资金并安排财政支出，有助于地方改善义务教育服务的配置效率状况，从而更好地满足辖区居民对义务教育服务的需求偏好。但是，地方掌握的财政资金或安排的财政支出中来自地方本级自有资金的比例越高，就越有可能对地方义务教育服务配置效率产生负面影响。换言之，更多由中央政府的转移支付资金为地方义务教育服务供给融资，但由地方政府来配置和使用这些义务教育专项转移资金，有助于提高地方义务教育服务的配置效率水平。对此可能的解释是，地方政府拥有辖区居民义务教育服务需求偏好的信息优势，由地方政府来安排使用财政资金，能够保证地方义务教育服务的供给水平和结构以更好地满足居民的需求偏好。但是在中国式财政分权体制下，地方政府更为重视基本建设和行政管理支出，轻视文教科卫支出（傅勇和张晏，2007），完全由地方政府自主配置财政资金，又有可能导致地方义务教育服务供给不足。因此，中央政府拨付更多的专项转移支付资金为地方义务教育服务供给融资，可以将地方政府的信息优势与中央政府的监管和激励机制相结合，从而有助于提高地方义务教育服务的配置效率水平和供给合意性。

表 3-1　义务教育服务受益方程估计结果

解释变量	模型 1（财政分权组合指标）	模型 2（地方行政管理分权度）	模型 3（地方财政支出自决率）	模型 4（地方财政支出占比）	模型 5（地方财政收入自治率）	模型 6（地方财政收入占比）
人均 GDP	0.000 01 (1.029)	0.000 02 (1.41)	0.000 02 (1.391)	−0.000 002 (−0.121)	0.000 01 (0.854)	0.000 01 (0.802)
15 岁以下人口比重	−5.89 (−2.637)***	−6.353 (−2.915)***	−5.822 (−2.6)***	−6.789 (−3.075)***	−5.887 (−2.691)***	−6.414 (−2.919)***
教育消费价格指数	−0.008 (−1.452)	−0.007 (−1.44)	−0.007 (−1.397)	−0.007 (−1.266)	−0.009 (−1.649)*	−0.007 (−1.314)

① 事实上，以 1 为分界线，δ 的符号具有不同的含义，比如，当 $\delta<0$ 时，对于配置效率得分大于 1 的地区而言，意味着财政分权程度越高，越有利于抑制地方政府对公共服务的过度供给，即“分权是有益的”；反之，对于配置效率得分小于 1 的地区来说，$\delta<0$ 意味着财政分权程度越高，越会进一步导致地方公共服务供给不足程度加剧，即“分权是有害的”。不过本书测度的义务教育服务配置效率得分显示，除内蒙古自治区外，其余地区每年这一配置效率得分都小于 1，总体上可以根据 $\delta<0$ 来判断财政分权对义务教育服务配置效率具有不利影响。医疗卫生服务配置效率的情况也与此类似（表 3-2）。

续表

解释变量		模型 1（财政分权组合指标）	模型 2（地方行政管理分权度）	模型 3（地方财政支出自决率）	模型 4（地方财政支出占比）	模型 5（地方财政收入自治率）	模型 6（地方财政收入占比）
人口增长率		0.022 (0.52)	0.056 (1.337)	0.024 (0.563)	0.017 (0.401)	0.044 (1.05)	0.007 (0.176)
人口规模		−0.000 4 (−3.115)***	−0.000 4 (−3.652)***	−0.000 4 (−3.252)***	−0.000 4 (−3.606)***	−0.000 3 (−3.149)***	−0.000 4 (−3.834)***
教育服务产出		0.615	0.62	0.611	0.615	0.617	0.549
配置效率方程	财政分权	−1.704 (−2.119)**	0.687 (4.344)***	−0.587 (−1.86)**	2.975 (3.732)***	−2.046 (−4.032)***	3.55 (3.821)***
	城市化率	0.57 (1.349)	0.388 (0.936)	0.656 (1.546)	−0.199 (−0.426)	0.739 (1.78)*	0.104 (0.24)
	国有化率	−1.093 (−1.488)	0.239 (0.324)	−1.057 (−1.436)	−0.881 (−1.244)	−1.208 (−1.696)*	−1.118 (−1.57)
	工业化率	0.173 (0.355)	0.563 (1.231)	0.252 (0.522)	−0.329 (−0.649)	−0.081 (−0.17)	0.426 (0.925)
	对外开放度	0.082 (1.287)	0.108 (1.755)*	0.069 (1.096)	0.085 (1.393)	0.222 (2.992)***	0.02 (0.338)
	人均GDP	−0.000 006 (−1.511)	−0.000 007 (−1.85)*	−0.000 01 (−2.479)**	−0.000 01 (−2.588)**	−0.000 01 (−2.559)**	−0.000 008 (−1.986)**
	预算外收入比例	3.782 (1.073)	−0.377 (−0.135)	1.177 (0.389)	2.147 (0.738)	5.203 (1.652)	−4.679 (−1.554)
adj_R^2		0.890	0.895	0.889	0.894	0.895	0.894
DW		2.00	1.94	1.99	1.99	2.03	1.97

注：表中义务教育服务产出对应的参数为根据配置效率方程估计系数和数据计算得到的各地区历年义务教育服务配置效率得分的平均值，为节省篇幅，表中省略了固定效应项的估计结果。表中括号内数字为 t 统计量

*、**和***分别表示在 10%、5%和 1%的水平上显著

表 3-2　医疗卫生服务受益方程估计结果

解释变量	模型 1（财政分权组合指标）	模型 2（地方行政管理分权度）	模型 3（地方财政支出自决率）	模型 4（地方财政支出占比）	模型 5（地方财政收入自治率）	模型 6（地方财政收入占比）
人均 GDP	-1.69×10^{-5} (−2.653)***	-1.46×10^{-5} (−2.256)**	-1.69×10^{-5} (−2.665)***	-1.38×10^{-5} (−2.143)**	-1.64×10^{-5} (−2.579)**	-1.73×10^{-5} (−2.736)***
65 岁及以上人口比重	−0.053 (−0.153)	−0.075 −0.218	−0.055 (−0.159)	−0.1 (−0.293)	−0.056 (−0.164)	−0.057 (−0.165)
医疗消费价格指数	0.009 (1.179)	0.009 (1.213)	0.009 (1.166)	0.007 (0.962)	0.009 (1.214)	0.007 (0.989)
人口增长率	0.068 (2.413)**	0.063 (2.237)**	0.068 (2.415)**	0.065 (2.324)**	0.067 (2.369)**	0.068 (2.422)**

续表

解释变量		模型1（财政分权组合指标）	模型2（地方行政管理分权度）	模型3（地方财政支出自决率）	模型4（地方财政支出占比）	模型5（地方财政收入自治率）	模型6（地方财政收入占比）
人口规模		−0.000 3 (−2.485)**	−0.000 4 (−2.691)***	−0.000 3 (−2.411)**	−0.000 4 (−3.133)***	−0.000 4 (−2.587)**	−0.000 4 (−2.715)***
医疗服务产出		0.695	0.697	0.695	0.711	0.698	0.71
配置效率方程	财政分权	0.489 (0.365)	−0.896 (−1.745)*	0.123 (0.218)	−2.995 (−2.337)**	0.733 (0.89)	−2.471 (−1.756)*
	城市化率	−1.315 (−1.538)	−1.291 (−1.522)	−1.358 (−1.587)	−0.626 (−0.698)	−1.283 (−1.503)	−1.226 (−1.442)
	国有化率	−2.065 (−2.091)**	−1.917 (−1.945)*	−2.053 (−2.079)**	−2.301 (−2.34)**	−2.029 (−2.057)**	−2.004 (−2.004)**
	工业化率	−3.54 (−3.08)***	−3.272 (−2.84)***	−3.53 (−3.033)***	−2.599 (−2.152)**	−3.357 (−2.871)***	−3.195 (−2.757)***
	对外开放度	0.282 (1.475)	0.356 (1.889)*	0.286 (1.475)	0.346 (1.862)*	0.241 (1.222)	0.287 (1.546)
	人均GDP	1.57×10^{-5} (1.898)*	1.72×10^{-5} (2.121)**	1.59×10^{-5} (1.934)*	2.19×10^{-5} (2.606)***	1.57×10^{-5} (1.929)*	1.71×10^{-5} (2.115)**
	预算外收入比例	11.865 52 (1.65)*	12.045 (1.75)*	12.317 (1.752)*	12.501 (1.826)*	10.515 (1.443)	18.609 (2.422)**
adj_R^2		0.770	0.772	0.770	0.774	0.770	0.772
DW		2.10	2.11	2.10	2.10	2.11	2.08

注：表中医疗卫生服务产出对应的参数为根据配置效率方程估计系数和数据计算得到的各地区历年医疗卫生服务配置效率得分的平均值，为节省篇幅，表中省略了固定效应项的估计结果。表中括号内数字为 t 统计量

*、**和***分别表示在10%、5%和1%的水平上显著

就其余外生环境变量而言，只有人均GDP的估计系数符号在六个模型中都是稳健的，且基本上都在统计上显著。经济发展水平越高的地区，义务教育服务的配置效率反而越低，这与前文对义务教育服务配置效率地区差异的分析是一致的，即经济越发达的地区，居民对义务教育服务的需求偏好越高，超过了地方政府的服务供给水平，导致义务教育服务供给不足状况更为明显。对外开放度的系数符号也是稳健的，但其对义务教育服务配置效率的正向影响仅在模型2和模型5中才显著，其余变量的系数符号都不稳健且统计显著情况也不太理想。

2. 财政分权与医疗卫生服务配置效率

表3-2中的模型1估计结果表明，综合来看，财政分权对医疗卫生教育服务配置效率具有正向影响，但这一影响效应在统计上并不显著。分开来看，地方行政管理分权度、地方财政支出占比、地方财政收入占比与地方医疗卫生服务配置效率呈负相关关系，且至少在10%的水平上显著，但地方财政支出自决率和地方财政收入自治率对地方医疗卫生服务配置效率的正向影响在统计上都不显著。上

述不同分权指标的估计系数表明，当地方政府拥有更大的行政管理自主权和公共资源配置权时，由地方政府更多地掌握财政资金并安排财政支出，无论这些资金来自中央转移支付还是地方本级自有收入，都会对地方医疗卫生服务配置效率产生不利影响，加重地方医疗卫生服务供给不足状况，这与义务教育服务的分析结论恰好相反。对此可能的解释有以下几点。

（1）地方政府对辖区居民医疗卫生服务需求偏好的信息优势不够明显。事实上，地方居民的义务教育服务需求是刚性的，《中华人民共和国义务教育法》（以下简称《义务教育法》）明确规定适龄儿童必须接受和完成义务教育，地方政府依据辖区人口结构信息易于评估本辖区义务教育服务的需求偏好强度。而医疗卫生服务的需求却是有弹性的，医疗卫生服务的消费者更容易隐瞒对医疗卫生服务的偏好强度，而地方政府也更容易扭曲医疗卫生服务的供给决策。

（2）中央政府难以对医疗卫生服务领域的转移支付资金进行有效监管。目前，中央政府的义务教育财政补贴制度具有较强的针对性，主要是通过财政专户向地方教师支付工资及用于减免学杂费，转移支付资金专款专用，易于监管。而中央政府对医疗卫生服务的转移支付资金主要是通过专项补助的形式补贴公立医院和卫生防疫机构，难以对转移支付资金的使用进行有效的监管。因此，在中国目前的财政分权体制下，由于缺乏有效的监管，地方政府医疗卫生服务供给偏离地方居民偏好的可能性相对更大。

就其余外生环境变量而言，国有化率和工业化率对地方医疗卫生服务的配置效率具有稳健和显著的负向影响，表明市场化水平越发达及第三产业发展水平越高的地区，其医疗卫生服务的供给越为合理；人均 GDP 和地方预算外收入比例越高，地方医疗卫生服务配置效率越高，表明经济发达及预算外资金来源越充分的地区，地方政府更有能力突破预算内财政资金的限制，提高医疗卫生服务的供给水平，缓解医疗卫生服务供给不足的状况。其余变量估计系数的显著性和稳健性都不太理想。

3.4.2 公共服务配置效率的测度结果

表 3-1 和表 3-2 分别列示了义务教育服务和医疗卫生服务模型（3-13）的估计结果。表 3-3 和表 3-4 是基于表 3-1 和表 3-2 的估计系数及外生环境变量的数据，测算得到的各地区义务教育服务和医疗卫生服务配置效率得分（其中，模型（3-13）中引入的财政分权变量是财政分权组合指标[①]）。

---

① 当模型（3-13）中引入的是其他五个财政分权指标时，计算得到的义务教育服务和医疗卫生服务配置效率得分与模型（3-13）中引入财政分权组合指标时测算得到的配置效率得分差异很小。限于篇幅，我们在文中不再汇报根据其他分权指标模型计算的两类服务的配置效率得分。

表 3-3　各地区义务教育服务配置效率得分

地区	省区市	2002 年	2003 年	2004 年	2005 年	2006 年	2007 年	2008 年	2009 年	2010 年	平均值	最大值	最小值
东部地区	北京	0.7239	0.7134	0.7138	0.7097	0.7035	0.6860	0.6704	0.6503	0.6656	0.6930	0.7239	0.6503
	天津	0.5617	0.5476	0.5496	0.5556	0.5500	0.5357	0.5032	0.4956	0.4787	0.5309	0.5617	0.4787
	河北	0.6380	0.6477	0.6506	0.6586	0.6635	0.6630	0.6695	0.6791	0.6697	0.6600	0.6791	0.6380
	辽宁	0.6337	0.6427	0.6458	0.6392	0.6293	0.6067	0.5966	0.6001	0.5845	0.6198	0.6458	0.5845
	上海	0.7709	0.7893	0.7664	0.7637	0.7423	0.7345	0.7076	0.6878	0.7055	0.7409	0.7893	0.6878
	江苏	0.7357	0.7519	0.7567	0.7430	0.7497	0.7375	0.7268	0.7164	0.7074	0.7361	0.7567	0.7074
	浙江	0.3549	0.3511	0.3504	0.3816	0.3853	0.3710	0.3774	0.3764	0.3718	0.3689	0.3853	0.3504
	福建	0.5248	0.5357	0.5411	0.5430	0.5561	0.5332	0.5419	0.5434	0.5451	0.5405	0.5561	0.5248
	山东	0.5156	0.5295	0.5380	0.5542	0.5489	0.5400	0.5402	0.5430	0.5265	0.5373	0.5542	0.5156
	广东	0.5951	0.6004	0.6193	0.6375	0.6399	0.6154	0.6138	0.6107	0.6142	0.6163	0.6399	0.5951
	海南	0.4335	0.4596	0.4696	0.4710	0.4806	0.4782	0.5079	0.5031	0.4895	0.4770	0.5079	0.4335
中部地区	山西	0.5576	0.5454	0.5332	0.5277	0.5179	0.5281	0.5334	0.5514	0.5493	0.5382	0.5576	0.5179
	吉林	0.8135	0.8223	0.8196	0.8138	0.8144	0.8111	0.8091	0.8142	0.7931	0.8123	0.8223	0.7931
	黑龙江	0.5615	0.5717	0.5896	0.5908	0.5902	0.5919	0.5867	0.5457	0.5558	0.5760	0.5919	0.5457
	安徽	0.2649	0.2770	0.2746	0.2659	0.2703	0.2739	0.2850	0.2743	0.2715	0.2730	0.2850	0.2649
	江西	0.6411	0.6641	0.6499	0.6527	0.6620	0.6562	0.6757	0.6718	0.6574	0.6590	0.6757	0.6411
	河南	0.8628	0.8720	0.8641	0.8568	0.8633	0.8652	0.8774	0.8937	0.8787	0.8704	0.8937	0.8568
	湖北	0.8825	0.8893	0.9097	0.8907	0.9172	0.8947	0.9131	0.9230	0.9236	0.9049	0.9236	0.8825
	湖南	0.5993	0.6027	0.6146	0.6349	0.6423	0.6454	0.6595	0.6446	0.6562	0.6333	0.6595	0.5993
西部地区	内蒙古	1.1769	1.1567	1.1585	1.1416	1.1355	1.1239	1.1053	1.0887	1.0703	1.1286	1.1769	1.0703
	广西	0.4485	0.4552	0.4632	0.4634	0.4697	0.4766	0.4902	0.4952	0.4764	0.4709	0.4952	0.4485
	重庆	0.6113	0.6210	0.6281	0.6117	0.6154	0.6138	0.6215	0.6291	0.6126	0.6183	0.6291	0.6113
	四川	0.7204	0.7079	0.7139	0.7142	0.7158	0.7098	0.7453	0.7532	0.7251	0.7228	0.7532	0.7079
	贵州	0.4792	0.4876	0.4929	0.4823	0.4851	0.4920	0.4933	0.4904	0.4690	0.4858	0.4933	0.4690
	云南	0.0947	0.1041	0.1096	0.1124	0.1184	0.1398	0.1494	0.1565	0.1465	0.1257	0.1565	0.0947
	陕西	0.7423	0.7602	0.7646	0.7698	0.7677	0.7557	0.7590	0.7568	0.7298	0.7562	0.7698	0.7298
	甘肃	0.3547	0.3756	0.3909	0.3814	0.4083	0.3974	0.4066	0.4028	0.3900	0.3897	0.4083	0.3547
	青海	0.4591	0.4551	0.4798	0.4918	0.4785	0.4715	0.4812	0.4772	0.4714	0.4740	0.4918	0.4551
	宁夏	0.5818	0.5937	0.6176	0.6022	0.6055	0.6103	0.6049	0.6060	0.5665	0.5987	0.6176	0.5665
	新疆	0.8990	0.8993	0.8992	0.8952	0.9038	0.9012	0.9022	0.9208	0.9067	0.9030	0.9208	0.8952

表 3-4　各地区医疗卫生服务配置效率得分

地区	省区市	2002 年	2003 年	2004 年	2005 年	2006 年	2007 年	2008 年	2009 年	2010 年	平均值	最大值	最小值
东部地区	北京	0.5023	0.5555	0.5982	0.6953	0.7511	0.8084	0.9235	0.9036	0.9314	0.7410	0.9314	0.5023
	天津	0.6134	0.6730	0.6514	0.6326	0.6328	0.6564	0.6470	0.7246	0.7841	0.6684	0.7841	0.6134
	河北	0.5576	0.5341	0.5367	0.5484	0.5510	0.5569	0.5464	0.5721	0.5676	0.5523	0.5721	0.5341
	辽宁	0.7421	0.7309	0.7540	0.7470	0.7298	0.7119	0.6971	0.7599	0.7488	0.7357	0.7599	0.6971
	上海	0.1681	0.1702	0.2483	0.3075	0.3601	0.4855	0.5398	0.5727	0.5021	0.3727	0.5727	0.1681
	江苏	0.7083	0.6888	0.6967	0.7568	0.8033	0.8429	0.8713	0.8581	0.8985	0.7916	0.8985	0.6888
	浙江	0.4398	0.4464	0.5393	0.5106	0.5713	0.6199	0.6145	0.6310	0.6480	0.5579	0.6480	0.4398
	福建	0.2236	0.2003	0.2354	0.2870	0.3640	0.2837	0.2711	0.2672	0.2637	0.2662	0.3640	0.2003
	山东	0.3488	0.2804	0.2453	0.3932	0.3936	0.4173	0.4285	0.4356	0.4680	0.3790	0.4680	0.2453
	广东	0.7147	0.7063	0.7055	0.7546	0.7835	0.7819	0.7830	0.7856	0.7786	0.7549	0.7856	0.7055
	海南	0.7401	0.7139	0.6800	0.6515	0.6410	0.6254	0.6560	0.7022	0.7410	0.6835	0.7410	0.6254
中部地区	山西	0.7917	0.6784	0.6624	0.6864	0.6815	0.6658	0.6700	0.7570	0.7241	0.7019	0.7917	0.6624
	吉林	0.5999	0.5861	0.5858	0.6380	0.6446	0.6294	0.6236	0.6255	0.6064	0.6155	0.6446	0.5858
	黑龙江	1.0773	1.0910	1.0835	1.1797	1.1774	1.1987	1.1765	1.1940	1.1517	1.1478	1.1987	1.0773
	安徽	1.0421	1.0326	1.0063	1.0487	1.0503	1.0435	1.0246	1.0057	0.9841	1.0264	1.0503	0.9841
	江西	0.6255	0.5290	0.5570	0.5617	0.5459	0.5186	0.5102	0.5004	0.4757	0.5360	0.6255	0.4757
	河南	0.6417	0.6146	0.5803	0.5912	0.5719	0.5637	0.5418	0.5513	0.5422	0.5776	0.6417	0.5418
	湖北	0.3919	0.4313	0.4726	0.5053	0.5464	0.5360	0.5308	0.5132	0.5064	0.4927	0.5464	0.3919
	湖南	0.5248	0.5154	0.4881	0.5745	0.5518	0.5643	0.5406	0.5754	0.5580	0.5437	0.5754	0.4881
西部地区	内蒙古	0.6771	0.6693	0.6242	0.7188	0.6750	0.6570	0.6442	0.6789	0.6878	0.6703	0.7188	0.6242
	广西	0.8293	0.7914	0.7665	0.7938	0.7703	0.7851	0.7233	0.6932	0.6759	0.7588	0.8293	0.6759
	重庆	1.2198	1.2090	1.1642	1.2299	1.1984	1.1888	1.1711	1.1074	1.1254	1.1793	1.2299	1.1074
	四川	0.5823	0.6203	0.6134	0.6127	0.5985	0.6072	0.5703	0.5532	0.5163	0.5860	0.6203	0.5163
	贵州	0.8922	0.8729	0.8697	0.9262	0.9202	0.9164	0.8808	0.9411	0.9204	0.9044	0.9411	0.8697
	云南	0.7807	0.8027	0.7278	0.7974	0.7829	0.8082	0.8175	0.8257	0.8057	0.7943	0.8257	0.7278
	陕西	0.9867	0.9326	0.9233	1.0299	0.9884	0.9215	0.8954	0.9591	0.9601	0.9552	1.0299	0.8954
	甘肃	1.0029	0.9696	0.9207	0.9738	1.0006	1.0026	0.9997	1.0133	0.9479	0.9812	1.0133	0.9207
	青海	0.7513	0.7469	0.7143	0.7325	0.6958	0.7024	0.6919	0.7176	0.7426	0.7217	0.75130	0.6919
	宁夏	0.4799	0.4639	0.4133	0.4679	0.4465	0.4489	0.4284	0.4928	0.4493	0.4545	0.4928	0.4133
	新疆	0.7466	0.7255	0.6714	0.7243	0.6876	0.7203	0.6852	0.7448	0.7046	0.7123	0.7466	0.6714

从表 3-3 可以看到，除内蒙古外，其余省区市的义务教育服务配置效率得分都低于 1，表明样本期间绝大部分地区的义务教育服务存在供给不足的问题。平均来看，东部地区的义务教育配置效率得分要低于中西部地区，表明东部地区义务教育服务供给不足程度比中西部地区还要严重，这似乎与我们通常的直觉不符。

事实上，配置效率得分衡量的是公共服务产出和需求偏好的匹配程度，如果某地区公共服务供给量较高，但同时居民对公共服务的需求偏好更高，则公共服务仍然表现为供给不足。就义务教育服务而言，东部发达地区居民对义务教育服务的需求偏好要远高于中西部不发达地区，近年来发达省区市愈演愈烈的“择校热”和越来越多的“贵族学校”便是这一高偏好的真实反映。而在中西部地区，由于家庭收入水平较低，许多家长为了眼前的短期利益，要求子女放弃接受完整义务教育而外出打工的现象时有发生（龚锋等，2010）。此外，不发达地区义务教育服务的质量、教学效果和供给合意性相对更低，这进一步降低了居民享用义务教育服务的偏好水平。综合来看，虽然东中西地区的大部分省区市都出现了义务教育服务供给不足的状况，但其内在的经济含义是不同的。在东部地区，可能是更高的需求偏好超过了较高的义务教育服务供给水平导致的，但在中西部地区，可能是较低的需求偏好超过了更低的义务教育服务供给水平导致的。

表 3-4 同样表明，绝大部分省区市的医疗卫生服务配置效率得分也低于 1（黑龙江、安徽和重庆除外），因此样本期间大部分地区存在医疗卫生服务供给不足问题。其中，东部地区医疗卫生服务供给不足最为明显，这与我们通常的直觉似乎也不符。因为一般认为东部地区提供的医疗卫生服务无论是从数量上还是从质量上看都高于中西部地区。对此我们仍然要从医疗卫生服务的需求偏好角度进行解释。与中西部地区相比，东部发达地区对医疗卫生服务的需求偏好强度更高，原因在于：①发达地区居民收入水平较高，更为注重生活质量和身体健康，从而对医疗和保健服务具有更高的需求；②发达地区医疗保障体制更为完善，无论是公费医疗制度、城镇职工医疗保险制度还是城镇居民基本医疗保险制度、新型农村合作医疗保险制度，为居民提供的医疗保险和保障服务都比中西部不发达地区更为充分合意，由此增强了居民享用医疗卫生服务的意愿；③东部发达地区占用了更多的优质医疗资源（如高水平的医生和高精尖的医疗设备），医疗机构提供的服务质量更高，这不仅提高了本地居民对医疗卫生服务的需求，还引起了其他地区（包括中西部地区）居民的“跨区就医”行为，这一医疗卫生服务的区域外溢性提高了对发达地区医疗卫生服务的相对需求。因此，虽然东部地区医疗卫生服务的产出水平更高，但由于该地区的医疗卫生服务需求偏好强度更高，当居民强烈的需求意愿无法得到有效的满足时，从配置效率的角度而言就表现为医疗卫生服务的供给不足。

3.5　本 章 小 结

本章选取义务教育服务和医疗卫生服务两类公共服务作为分析对象，利用2002～2010年30个省区市（不含西藏自治区、香港、澳门和台湾）的面板数据，实证检验了中国地方政府公共服务配置效率与财政分权的关系。实证结果显示：样本期间大部分地区存在义务教育服务和医疗卫生服务供给不足的问题，但平均而言，东部地区供给不足程度要高于中西部地区，东部地区更高的公共服务需求偏好超过了地方实际服务供给水平可能是导致这一现象的主要原因。一方面，如果地方政府财政资金中来自中央转移支付的部分比重越高，则由地方政府更多地掌握财政资金并安排财政支出，越有助于地方改善义务教育服务配置效率水平；另一方面，由地方政府更多地掌握财政资金并安排财政支出，无论这些资金来自中央转移支付还是地方本级自有收入，都会对地方医疗卫生服务配置效率产生不利影响。中国地方政府对义务教育服务和医疗卫生服务拥有的信息优势及中央政府在两类公共服务领域转移支付制度安排的不同，可能是导致上述差别的重要原因。

第 4 章　公共服务供给努力程度测度：生产效率

4.1　公共部门生产效率评估的介绍与回顾

在地方政府配置的财政资源规模不断增长的同时，一个不容忽视的问题是，地方政府能否有效地使用这笔庞大的公共资金。近年来，随着政府预算公开的力度不断加大，民众对地方公共部门效率的关注度也不断提高。因而，对地方公共部门效率进行准确评估并将结果公之于众，对于满足民众的知情权、提高政府的透明度、促使政府更有效地提供合意的公共服务显得十分必要。

当然，公共部门低效率问题并非中国独有的现象，而是一个世界性的难题。世界银行（1997）曾在一份报告中写道："当今世界，有效率的政府实属'凤毛麟角'。"20 世纪 70 年代以来，西方国家掀起了以治道变革为中心的新公共管理运动，力图革除公共部门效率低下的痼疾（毛寿龙和李梅，2000）。治道变革的一个核心思路是将竞争引入公共部门，以改进公共服务供给制度安排，从而达到提高公共部门效率的目的。然而，公共部门的非营利性特征，以价格为纽带的市场竞争模式不可能复制到公共部门，因此，推行锦标竞争便成为公共部门引入竞争的主要方式。准确评估生产同类服务或产出的各个公共部门的效率水平，从而确定用于绩效比较的基准，则是实施锦标竞争的关键所在，因此准确衡量政府的效率水平对推进公共部门自身的改革也是十分必要的。

由于公共服务或产品没有价格，或价格不能反映真实的成本，衡量公共部门效率本身便成为一个难题。如果把公共部门看作生产公共服务或产品的决策主体（decision making units，DMU），同时只考虑公共部门在既定产出下投入最小化或在既定投入下产出最大化的生产决策问题，那么在企业效率评估中广为采用的 DEA 便可以应用于公共部门。

DEA 是一种确定性的非参数效率评估技术。它的主要优势在于无须事先设定 DMU 的生产函数形式，可以直接利用 DMU 的投入和产出数据，计算得到 DMU 的相对效率水平。因此，DEA 技术被广泛运用于各类生产单位的效率评估中，相关的文献可谓汗牛充栋。仅以国内为例，在微观层面上，DEA 技术被用于评估基金（罗洪浪等，2003）、商业银行（朱南等，2004）、保险公司（宋增基和李春红，2007）等决策单位的效率；在宏观层面上，DEA 技术被用于评估工业部门生产效率（陈勇和唐朱昌，2006）、地区生产效率（王兵和颜鹏飞，2007）、城市生产效率（高春亮，2007）等。然而，国内运用 DEA 技术评估公共部门效率的文献并不多见。孟浩和王艳慧（2007）、李丹娜等（2007）分别对高等院校和医院的生产效率进行评估，但高等院校和医院并不能算作真正意义上的公共部门，因为其投入中除公共资金外，还有很大一部分来自私人缴款和社会投资，而其产出的受益者主要还是个体。

近年来，运用 DEA 技术评估公共部门效率的文献大量涌现。Drake 和 Simper（2003）对英国和威尔士警察部门的生产效率进行评估。为确保结果的稳健性，他们同时采用了 DEA、自由排列包法（free disposal hull，FDH）、随机数据包络分析（stochastic data envelope analysis，SDEA）和随机前沿分析（stochastic frontier analysis，SFA）对样本单位的效率水平进行了衡量。Balaguer-Coll 等（2007）评估了 1995～2000 年西班牙地方政府的效率，并检验了财政分权对地方政府效率的影响；Adam 等（2011）运用三阶段 DEA 技术，评估了 19 个经济合作与发展组织（Organization for Economic Cooperation and Development，OECD）国家的公共支出效率；Boetti 等（2012）以意大利 262 个市镇为分析对象，同时采用 SFA 和 DEA 技术，评估市镇政府的支出效率，并检验财政分权对市镇政府支出效率的影响效应。

由于公共部门的生产具有特殊性，一般情况下很难用规范的生产函数（C-D 函数等）对其进行描述。基于回归技术的参数效率评估方法（SFA），需要事先设定 DMU 的生产函数形式，将其直接运用于公共部门生产效率评估就受到较大的限制。而目前评估公共部门生产效率通常所采用的是经典 DEA 方法，但其没有考虑到 DMU 可能受所处环境、外部冲击、测量误差及遗漏变量等的影响，得到的效率得分可能会低估或高估实际效率水平（Worthington，2000）。

本章采用 DEA 方法对 2000～2006 年中国 30 个省区市（不含西藏自治区、香港、澳门和台湾）的公共服务生产效率进行评估。与现有研究不同的是，本书采用 Fried 等（1999）开发的四阶段 DEA 方法，控制外生环境变量的影响对效率评估所造成的偏误，在此基础上，运用 Simar 和 Wilson（1998，2000）开发的基于 Bootstrap 的随机 DEA 方法，将随机冲击对效率评估所造成的偏误予以修正，以期尽可能准确地衡量中国地方公共安全服务的供给效率状况。

4.2 实证技术与方法

DEA 是一种非参数的效率评估技术，它将 DMU 的生产技术视为“黑箱”，直接利用 DMU 的投入-产出数据和数学规划方法，计算出某个给定 DMU 相对于那些生产同类产品或服务的 DMU 的效率水平（Worthington，2000）。生产效率评估的基本思想最早可追溯到 Farrell（1957）的论文。基于这一思想，Charnes 等（1978）开发了 CCR 模型，这是最早的 DEA 模型，只能处理具有规模报酬不变（constant returns to scale，CRS）技术特征的生产单位的效率评估问题；其后，Banker 等（1984）开发了 BCC 模型，将规模报酬可变（variable return to scale，VRS）生产技术纳入分析框架。考虑 N 个 DMU，每个 DMU 利用 i 类投入，生产 R 类产出，则第 j 个 DMU 的 DEA 技术效率得分可以通过解下述经典的投入导向[①]BCC 模型得到。

$$\hat{\theta}_j = \arg\min_{(\theta,\lambda)} \left\{ \theta \left| \begin{array}{l} \sum_{k=1}^{N} \lambda_k y_{rk} \geqslant y_{rj}, \forall r = 1,\cdots,R; \sum_{k=1}^{N} \lambda_k x_{ik} \leqslant \theta x_{ij}, \\ \forall i = 1,\cdots,I; \sum_{k=1}^{N} \lambda_k = 1, \lambda_k \geqslant 0, \forall k = 1,\cdots,N \end{array} \right. \right\} \tag{4-1}$$

其中，$\hat{\theta}_j$ 是第 j 个 DMU 的 DEA 技术效率得分；λ 是权重；x 是投入；y 是产出。如果去掉约束条件 $\sum_{k=1}^{N} \lambda_k = 1$，则上述模型转化为 CRS 的 CCR 模型。可以看出，DEA 的目的是通过数学规划方法，确定最优权重 λ，从而构建一个非参数的包络前沿（该前沿就是某些样本观测点的线性组合），使得所有的观测点都位于前沿的下面或落在前沿上。任何与前沿偏离的观测点都看作无效率的表现，$\hat{\theta} = (\hat{\theta}_1, \hat{\theta}_2, \cdots, \hat{\theta}_j, \cdots, \hat{\theta}_N)$ 则用以衡量各个 DMU 相对于效率前沿的偏离程度。以单产出、单投入的情形为例，给出 DEA 效率衡量的直观解释。

如图 4-1 所示，射线 $OCME$ 是 CRS 假设下的效率前沿；折线 $GFMP$ 是 VRS 假设下的效率前沿。M 点既是 CRS 有效的点，也是 VRS 有效的点；而 F 点和 P 点仅仅是 VRS 有效的点。A 点是无效率的观测点，在 CRS 假设下，A 点投入导向的技术效率得分 $\hat{\theta}_A^{\mathrm{CRS}} = QC / QA$；在 VRS 假设下，$A$ 点的技术效率得分 $\hat{\theta}_A^{\mathrm{VRS}} = QB/QA$；$A$ 点的规模效率得分 $\mathrm{SE}_A = QC / QB$，因此，有 $\hat{\theta}_A^{\mathrm{CRS}} = \hat{\theta}_A^{\mathrm{VRS}} \cdot \mathrm{SE}_A$。在 VRS 的假设下，如果观测点落在 M 点的左下方（图 4-1 中 $MOGFM$ 构成的区域），则称其生产技术是规模报酬递增（increasing returns to scale，IRS）的，如果观测点落在 M 点的右上方（图 4-1 中 $PDME$ 构成的区域），则为规模报酬递减（decreasing returns to scale，DRS）的生产技术。

① 既有效率评估的文献一般是对营利性组织采用产出导向的 DEA 模型，对非营利性组织采用投入导向的 DEA 模型。我们沿用这一做法，假定公共部门合意的行为目标是实现投入最小化。下文的分析都是基于投入导向的 DEA 模型的。

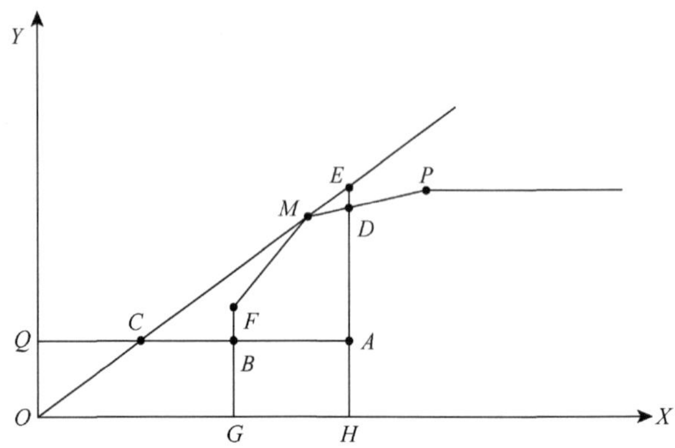

图 4-1 单产出-单投入情形下的技术效率和规模效率

经典 BCC 模型对效率的定义沿用的是 Farrell（1957）的思想，即将技术无效率看作投入可能的等比例（或射线）减少。例如，如果某个 DMU 投入导向的技术效率得分为$\hat{\theta}=0.8$，则表明该 DMU 在保持产出不变的前提下，可以将所有的投入等比例减少 0.2，从而达到有效率的水平。Koopmans（1951）给出了一个更为严格的技术效率定义，即一个 DMU 只有在$\theta=1$，且松弛量（slack）为 0 的情况下，才是有效率的。我们以单产出、双投入的情形为例，给出投入松弛量的直观解释。

如图 4-2 所示，DMU 使用投入 X_1 和 X_2，生产一种产出 Y。使用投入组合 C 和 D 的 DMU 是有效率的，它们的线性组合构造了在 VRS 假设下的效率前沿 $ZCDS$。A 和 B 代表的是无效率的 DMU，与效率前沿相比，二者生产同样的产出耗费了更多的投入。根据 Farrell（1957）对效率的定义，A 和 B 的技术效率分别为$\hat{\theta}_A=OA'/OA$，$\hat{\theta}_B=OE/OB$；在保持产出不变的前提下，将 A 的两类投入同比例减少$1-\hat{\theta}_A$，则可以将 A 点投影到效率前沿上，记为 A'。按照 Koopmans（1951）的定义，A'依然是无效率的，因为在该点上，DMU 可以在不减少产出和不增加 X_1 投入量的情况下，减少 X_2 的投入量。CA'即为 A DMU 投入 X_2 的投入松弛量。而 B 点在效率前沿的投影 E 点，则是有效率的，其投入松弛量为 0。

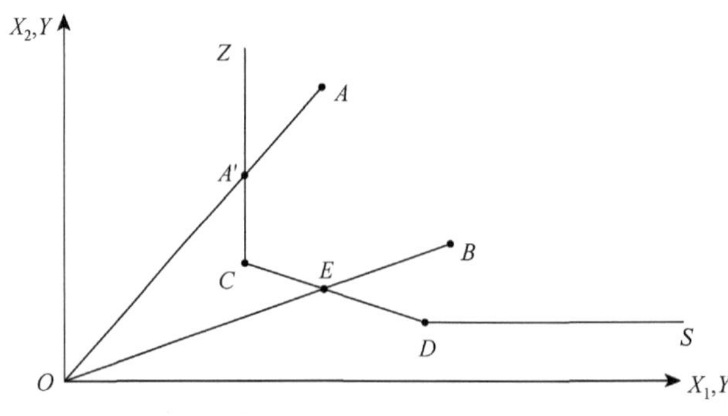

图 4-2 单产出-双投入情形下的技术效率与投入松弛量

将投入松弛量纳入分析框架，则式（4-1）修正为如下形式：

$$\hat{\theta}_j = \underset{(\theta,\lambda,s^+,s^-)}{\arg\min} \left\{ \theta - \varepsilon\left(\sum_{r=1}^{R} s_r^+ + \sum_{i=1}^{I} s_i^-\right) \middle| \begin{array}{l} \sum_{k=1}^{N} \lambda_k y_{rk} - s_r = y_{rj}, \forall r = 1,\cdots,R; \sum_{k=1}^{N} \lambda_k x_{ik} + s_i^- = \theta x_{ij}, \\ \forall i = 1,\cdots,I; \sum_{k=1}^{N} \lambda_k = 1, \lambda_k \geqslant 0, \forall k = 1,\cdots,N; s_r^+, s_i^- \geqslant 0 \end{array} \right\} \tag{4-2}$$

其中，$\hat{\theta}_j$ 是第 j 个 DMU 的 DEA 技术效率得分；λ 是权重；x 是投入；y 是产出；s_r^+ 和 s_i^- 分别是产出松弛量和投入松弛量；ε 是任意取定的无限小的正数。

上述经典 DEA 方法的一个缺陷是，它将任何与效率前沿的偏离都看作管理无效率导致的，而不考虑 DMU 所处环境、外部冲击、测量误差及遗漏变量等对效率的影响。因此，DEA 效率得分可能会低估或高估实际的效率水平（Worthington，2000）。Ruggiero（2000）特别指出，在对公共部门效率进行评估时，DEA 的这一缺陷显得尤为突出，因为外部环境对公共服务供给的结果往往具有显著的影响，如果对此不加控制的话，DEA 方法计算得到的技术效率得分将是有偏的。针对这一缺陷，Banker 和 Morey（1986）、Fare 等（1989）提出处理外生环境变量的一阶段 DEA 方法，其基本思路是：将外部因素视为投入或产出，直接引入 DEA 模型。如果外部环境变量是有利于效率的，则将其归为投入，否则归为产出。该方法的一个主要缺陷是必须事先假设外部因素对效率影响的方向，而这在实际评估过程中往往是无法确定的。另一个考虑外生环境变量的方法是所谓的两阶段 DEA 方法，其基本思路是：首先，利用经典的 DEA 模型，计算 DMU 的初始效率得分；其次，以初始效率得分为被解释变量，外部环境变量为解释变量，构建 Tobit 回归模型（Carrington et al.，1997）或 Logistic 回归模型（Worthington and Dollery，2000），检验外生环境变量对初始效率得分的影响是否显著。这一方法能将影响 DMU 效率的外部因素予以确认，但仍然无法将外部因素的影响剔除，研究者不得不依据初始效率得分进行政策分析。Fried 等（1999）开发了一个四阶段 DEA 方法，较好地修正了外生环境变量对效率评估所造成的偏误，使 DEA 效率评估更为准确。

4.2.1　四阶段 DEA 方法

Fried 等（1999）认为，经典 DEA 模型的计算结果包括射线效率得分 $\hat{\theta}$、投入松弛量 s^- 和产出松弛量 s^+，而在实际的分析过程中，松弛量的信息往往被弃之不用。由此，他们开发了四阶段 DEA 模型，利用初始 DEA 模型计算得到松弛量，根据 DMU 所处环境的差异对松弛量进行调整，并据此修正初始投入或产出数据，达到过滤环境变量影响的目的，最后重新计算 DMU 的技术效率得分，基本步骤如下。

第一阶段：计算不考虑环境变量影响的初始 DEA 模型，得到初始效率得分 $\hat{\theta}$ ①和非射线投入松弛量 s^- ②。

第二阶段：构建 I 个 Tobit 回归模型（I 为投入的数量）③。被解释变量分别为各个投入的总松弛量（射线松弛量与非射线松弛量之和）；解释变量是 DMU 的外生环境变量。回归模型为

$$S_{ik} = \alpha_i + \beta_i \cdot Z_{ik} + u_i, \quad i = 1,2,\cdots,I\,; k = 1,2,\cdots,N \tag{4-3}$$

其中，$S_{ik} = (1-\hat{\theta}_k)\cdot x_{ik} + s_{ik}^-$ 是初始 DEA 计算得到的第 i 个投入的总松弛量；Z_{ik} 是外生环境变量向量；α_i 是常数项；β_i 是待估参数向量；u_i 是误差项。

第三阶段：根据投入松弛量的拟合值 $\hat{S}_{ik} = \alpha_i + \beta_i \cdot Z_{ik}$，对初始投入变量进行调整。计算公式为

$$x_{ik}^{\text{adj}} = x_{ik} + [\max^k\{\hat{S}_{ik}\} - \hat{S}_{ik}], \quad i = 1,2,\cdots,I; k = 1,2,\cdots,N \tag{4-4}$$

这一调整的基本思想是：最大的拟合松弛量 $\max^k\{\hat{S}_{ik}\}$ 相当于最差的外部环境集。当某个 DMU 处于这个最差环境集时，$\max^k\{\hat{S}_{ik}\} - \hat{S}_{ik} = 0$，则调整后的投入 $x_{ik}^{\text{adj}} = x_{ik}$，相当于未对初始投入进行调整；当某个 DMU 处于较好的环境集时，$\max^k\{\hat{S}_{ik}\} - \hat{S}_{ik} > 0$，则调整后的投入 $x_{ik}^{\text{adj}} > x_{ik}$，相当于提高了初始投入水平。在产出不变的情况下，投入水平的提高将导致 DEA 技术效率得分的降低，因此，经过上述调整过程，能够“惩罚”那些较高效率来自更好外部环境的 DMU，将其因外部环境的优势而获得的效率水平予以“过滤”，这样就能将所有的 DMU 向下拉平到同一个最差环境平台上。

第四阶段：利用调整后的投入数据和初始产出数据，重新计算 DEA 模型，得到新的效率得分 $\hat{\theta}^\circ$。对新的效率得分可以解释为：如果 DMU 在最差的外部环境下，能够达到有效率的运作水平，则投入至少可以减少 $(1-\hat{\theta}^\circ)$ 的比例。

四阶段 DEA 方法能够“过滤”外生环境变量对效率评估的影响，而且无须事先将环境变量区分为投入和产出。此外，该方法还能够充分利用松弛量的信息，通过回归方法检验外生环境变量对效率影响的方向和大小。遗憾的是，该方法无法将

① 此处的初始效率得分为 VRS 效率得分。

② 如果采用的是产出导向的 DEA 模型，则应计算产出松弛量 s^+。

③ 投入松弛量大于或等于 0，因而被解释变量在 0 处被截取（censored），如果采用最小乘二法（ordinary least square，OLS）会导致估计参数产生趋向 0 的偏误，所以应采用受限因变量 Tobit 模型。此外，如果 I 个方程的解释变量不相同，则应采用联立方程组模型进行估计；如果解释变量相同，则可以对每个方程分别估计（Fried et al.，1999）。

外生的随机冲击（统计误差、遗漏变量等）的影响予以剔除[①]，因此，计算得到的调整后的效率得分依然有可能存在某种偏误（Fried et al.，2002）。Simar 和 Wilson（1998，2000）开发的基于 Bootstrap 的随机 DEA 方法，有望解决这一缺陷。

4.2.2 Bootstrapped DEA 方法

Bootstrap 的基本思路是：可观测的样本 $X=(x_1,x_2,\cdots,x_N)$ 是从某个概率分布为 f 的总体中随机抽取得到的，但 f 是未知的。根据可观测的样本 X 计算的样本参数 $\hat{\varphi}=\varphi(X)$ 是对相应总体参数 $\varphi=\varphi(f)$ 的一个估计。要判断这一估计是否存在偏误，以及偏误有多大，必须知道样本参数的概率分布，而这无法通过分析过程推导得到，不得不求助于样本参数的实证密度函数。由于从总体中只获得了一个可观测的样本，样本参数的实证密度函数也无从得知。假定样本是对总体的“模仿”，则可以通过有放回的重复抽样，从可观测的样本 X 中抽取一个新的样本 $X^*=(x_1^*,x_2^*,\cdots,x_N^*)$，这个“伪样本”可以近似看作来自未知总体，计算该样本的参数 $\hat{\varphi}^*=\varphi(X^*)$，则 $(\hat{\varphi}^*-\hat{\varphi})\,|\,\hat{f}\sim(\hat{\varphi}-\varphi)\,|\,f$ 即样本参数与总体参数的偏差，可以由“伪样本”参数与样本参数的偏差来近似表示。重复上述过程 B 次（如 $B=1000$），可以得到 B 个不同的“伪样本”，进而计算每个“伪样本”的参数。那么，得到的 B 个参数统计量的实证密度函数就可以看作初始样本参数实证密度函数的蒙特卡罗近似。根据这一实证密度函数，可以对初始样本参数的偏误进行修正，还能构建初始样本参数的置信区间[②]。Bootstrapped DEA 方法的算法如下。

（1）以四阶段 DEA 方法得到的调整后投入数据和初始产出数据作为 Bootstrapped DEA 的初始样本，计算得到样本效率得分 $\hat{\theta}^\circ=(\hat{\theta}_1^\circ,\hat{\theta}_2^\circ,\cdots,\hat{\theta}_N^\circ)$。

（2）利用有放回的重复抽样方法，从 $\hat{\theta}^\circ$ 中抽取一个规模为 N 的 naïve bootstrap 样本 $\beta_b^{\circ*}=(\beta_{1b}^{\circ*},\beta_{2b}^{\circ*},\cdots,\beta_{Nb}^{\circ*})$。

（3）对上述 naïve bootstrap 样本进行平滑化处理[③]，得到平滑 bootstrap 样本

---

① Fried 等（2002）对四阶段 DEA 方法进行了修正。他们将投入松弛量视为 DMU 的机会成本，将第二阶段的 Tobit 回归模型，改为随机成本前沿（cost SFA）模型。利用 SFA 模型，将误差项分解为两个部分：一个是统计误差项，服从标准正态分布；另一个是无效率项，服从半正态分布。因此，这一方法同时将环境变量、随机误差和管理无效率纳入分析框架。他们同时指出，这一方法需要有足够大的样本才能保证两个误差项估计的一致性。由于我们采用的数据样本有限，因此不得不放弃这一方法。

② 限于篇幅，本书对 Bootstrap 方法不做详细的说明，如有兴趣，可参看 Simar 和 Wilson（1998，2000）的两篇文章，以及 Ray（2004）所做的精彩综述。

③ 之所以要对 naïve bootstrap 样本进行平滑化处理，是因为未知总体的密度函数 f 是连续的，而 naïve bootstrap 样本是从离散的样本中随机抽取得到的，从 naïve bootstrap 样本得到实证分布是总体密度函数的非一致估计量（Ray，2004）。

$\theta_b^{\circ *}=(\theta_{1b}^{\circ *},\theta_{2b}^{\circ *},\cdots,\theta_{Nb}^{\circ *})$，其中，$\theta_{kb}^{\circ *}=\bar{\beta}_b^{\circ *}+\dfrac{1}{\sqrt{1+h^2/\hat{\sigma}_{\theta^\circ}}}(\tilde{\theta}_{kb}^{\circ *}-\bar{\beta}_b^{\circ *})$，$\bar{\beta}_b^{\circ *}=\dfrac{1}{N}\cdot\sum_{k=1}^{N}\beta_{kb}^{\circ *}$，

$\tilde{\theta}_{kb}^{\circ *}=\begin{cases}\beta_{kb}^{\circ *}+h\varepsilon_{kb}^{\circ *}, & \text{如果}\beta_{kb}^{\circ *}+h\varepsilon_{kb}^{\circ *}\leqslant 1\\ 2-\beta_{kb}^{\circ *}-h\varepsilon_{kb}^{\circ *}, & \text{其他情况}\end{cases}$，$h$ 是平滑参数或带宽，$\hat{\sigma}_{\theta^\circ}$ 是 $\hat{\theta}^\circ$ 的标准差，ε 是产生于标准正态分布的随机偏误。

（4）利用平滑 bootstrap 样本 $\theta_b^{\circ *}=(\theta_{1b}^{\circ *},\theta_{2b}^{\circ *},\cdots,\theta_{Nb}^{\circ *})$ 对初始样本的投入数据进行调整。调整公式为 $x_{kb}^{\circ *}=(\hat{\theta}^\circ/\theta_{kb}^{\circ *})\cdot x_k^{\text{adj}}$，$k=1,2,\cdots,N$。

（5）利用初始样本的产出数据和 bootstrap 调整后的投入数据，计算下述 DEA 模型，得到第 j 个 DMU 的 Bootstrapped DEA 估计量 $\hat{\theta}_{jb}^{\circ *}$。

$$\hat{\theta}_{jb}^{\circ *}=\arg\min\left\{\theta\middle| y_j\leqslant\sum_{k=1}^{N}\gamma_k y_k;\theta x_j^{\text{adj}}\geqslant\sum_{i=1}^{N}\gamma_k x_{kb}^{\circ *};\theta>0;\sum_{i=1}^{N}\gamma_k=1;\gamma_k\geqslant 0,k=1,2,\cdots,N\right\} \tag{4-5}$$

（6）重复第（2）～（5）步 B 次（如 $B=1000$），每个 DMU 都获得 B 个效率得分估计量：

$$\{\hat{\theta}_{kb}^{\circ *},b=1,2,\cdots,B;k=1,2,\cdots,N\}$$

（7）计算每个 DMU 初始效率得分 $\hat{\theta}_k^\circ$ 的偏误 $\widehat{\text{bias}}_k$ 和偏误修正后的效率得分 $\overset{\Delta}{\theta_k^\circ}$。计算公式为

$$\widehat{\text{bias}}_k=\frac{1}{B}\cdot\sum_{b=1}^{B}\hat{\theta}_{kb}^{\circ *}-\hat{\theta}_k^\circ \tag{4-6}$$

$$\overset{\Delta}{\theta_k^\circ}=\hat{\theta}_k^\circ-\widehat{\text{bias}}_k,\quad k=1,2,\cdots,N \tag{4-7}$$

综上所述，通过运用四阶段 DEA 方法，将外生环境变量对效率的影响予以控制，得到各个 DMU 环境因素影响调整后的效率得分 $\hat{\theta}^\circ$；在此基础上，以 $\hat{\theta}^\circ$ 为初始 DEA 效率得分样本，运用基于 Bootstrap 的随机 DEA 方法，将随机冲击对 $\hat{\theta}^\circ$ 的影响予以控制，由此得到最终的估计量 $\hat{\theta}^\circ$，对这一效率得分的解释是：在控制随机冲击的影响后，如果处于最差的外部环境下，每个 DMU 能够达到有效运作水平，则每个 DMU 的投入至少可以减少 $(1-\hat{\theta}^\circ)$ 的比例。

4.3　变量的选取与数据的处理

4.3.1　义务教育服务与医疗卫生服务的产出和投入数据

选择合适的产出和投入指标，是利用 DEA 技术评估公共部门效率的关键。由于公共部门生产具有特殊性，寻找能够准确反映公共服务产出水平的指标存在一定的难度。因此，既有研究通常不得不选择一些与公共服务产出有关的替代指标（Balaguer-Coll et al.，2007）。

如前所述，在中国，义务教育由小学和初中两个阶段构成。我们选取初中师生比、初中本科及以上学历教师比重、万人初中在校学生数、万人初中学校数、初中生均校舍面积、初中生均图书藏量、初中生均固定资产价值、小学师生比、小学本科及以上学历教师比重、万人小学在校学生数、万人小学学校数、小学生均校舍面积、小学生均图书藏量、小学生均固定资产价值共 14 个指标作为各地区义务教育服务的产出指标。义务教育服务主要体现为教师向学生提供的授课和辅导服务。给定的其他情况相同，某地区义务教育阶段学校越多，在校学生数量越多，教师人数越多和素质越高，学校的教学设备和条件越好，则该地区义务教育服务供给主体（学校）提供的授课和辅导服务的数量和质量就越高，义务教育服务的供给量就越高。

医疗卫生服务由医疗保健和卫生防疫服务构成。我们选取门诊诊疗人次数、住院病人手术人次、出院者平均住院日、危重病人抢救人次、健康检查人数、产前检查率、新法接生率、万人医疗卫生机构床位数、万人医疗卫生机构人员数共九个指标作为各地区医疗卫生服务的产出指标。这些指标分别反映的是各地区提供门诊和住院服务、疾病预防服务、妇幼保健服务等医疗卫生服务的供给水平。

遵循 Afonso 等（2005）、陈诗一和张军（2008）的做法，我们以相应的财政预算支出作为公共服务的投入变量。其中，义务教育服务的投入变量为人均普通初中教育经费、人均小学教育经费；医疗卫生服务的投入变量为人均卫生经费。

4.3.2　影响公共服务效率的外生环境变量

影响地方政府公共服务供给行为的外生环境因素会影响地方公共服务的效率。与 3.3.1 小节一样，我们在四阶段 DEA 模型中引入的外生环境变量包括：财政分权度、经济发展水平（人均 GDP）、对外开放度（进出口总额/GDP）、城镇化率（城镇常住人口/总人口）、国有化率（国有职工人数/职工总人数）、工业化率（第二产业增加值/GDP）、地方预算外收入比例（预算外收入/GDP）。上述变量的数据来源参看 3.3.2 小节。

4.4 实证结果与分析

4.4.1 义务教育服务生产效率的测度结果与分析

从图 4-3 可以看到，平均而言，中部地区省级生产义务教育服务的平均生产效率是最高的，西部地区次之，东部地区的平均生产效率得分反而最低，这一结论在三种 DEA 模型下都是成立的。可能的解释是，东部地区省级义务教育投入显然高于中西部地区，但是东部地区居民对政府提供的义务教育服务的质量更为看重，因为东部地区居民收入水平较高，市场经济体系更为发达，存在对政府义务教育服务的大量私人替代服务。因此，在东部地区，政府对义务教育服务质量的重视程度要明显高于中西部地区，由于质和量之间存在矛盾，给定政府的教育投入，生产更高质量的义务教育服务的同时，服务的产量和规模可能就更低，较高的投入和较低的产出在 DEA 计算上就表现为较低的生产效率得分。

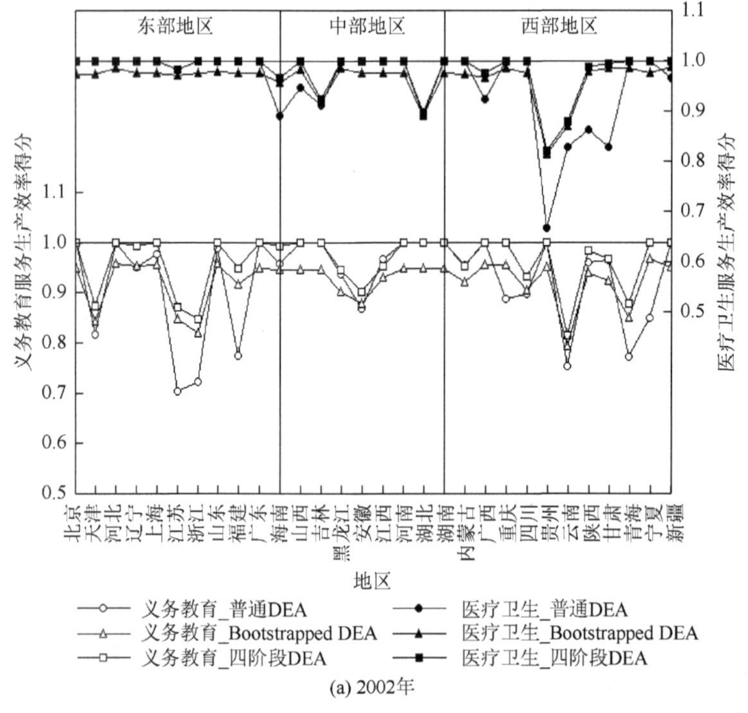

(a) 2002年

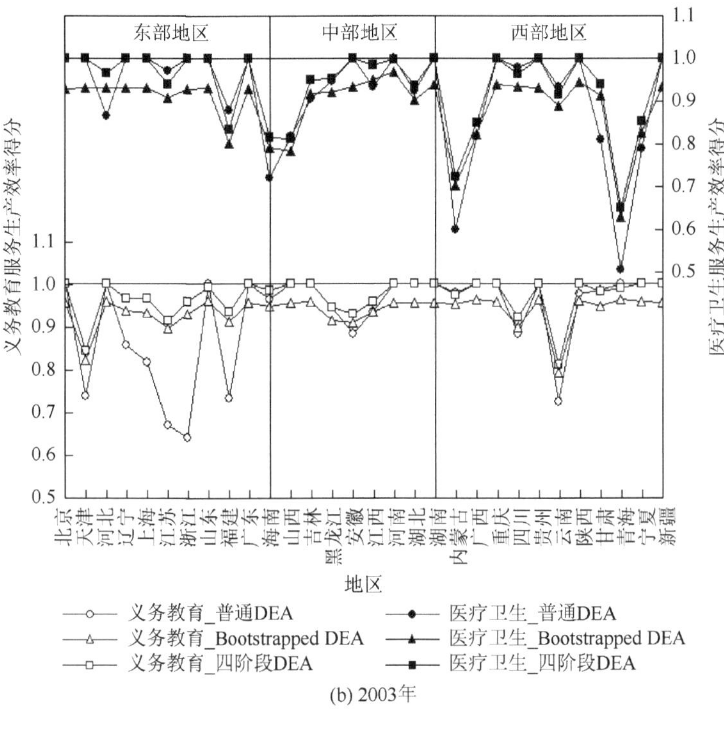

(b) 2003年

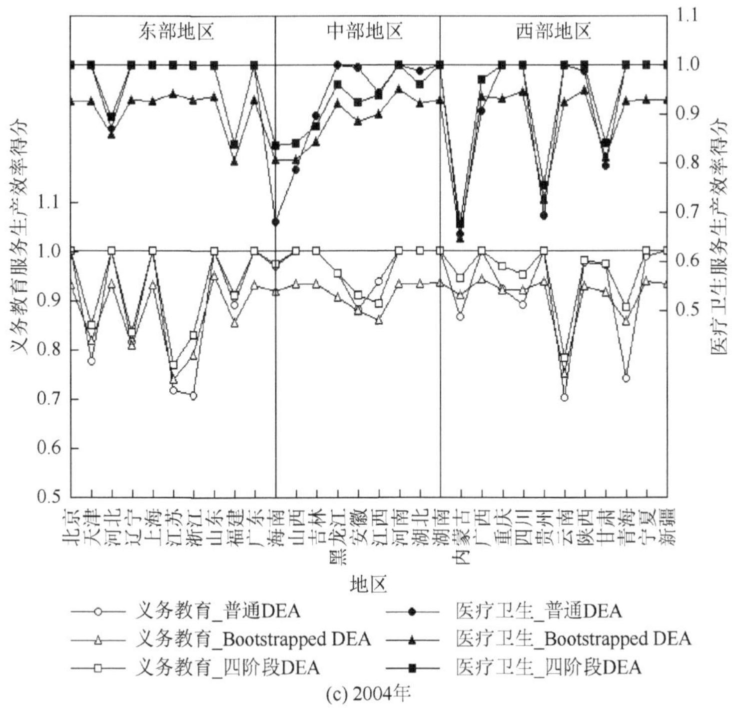

(c) 2004年

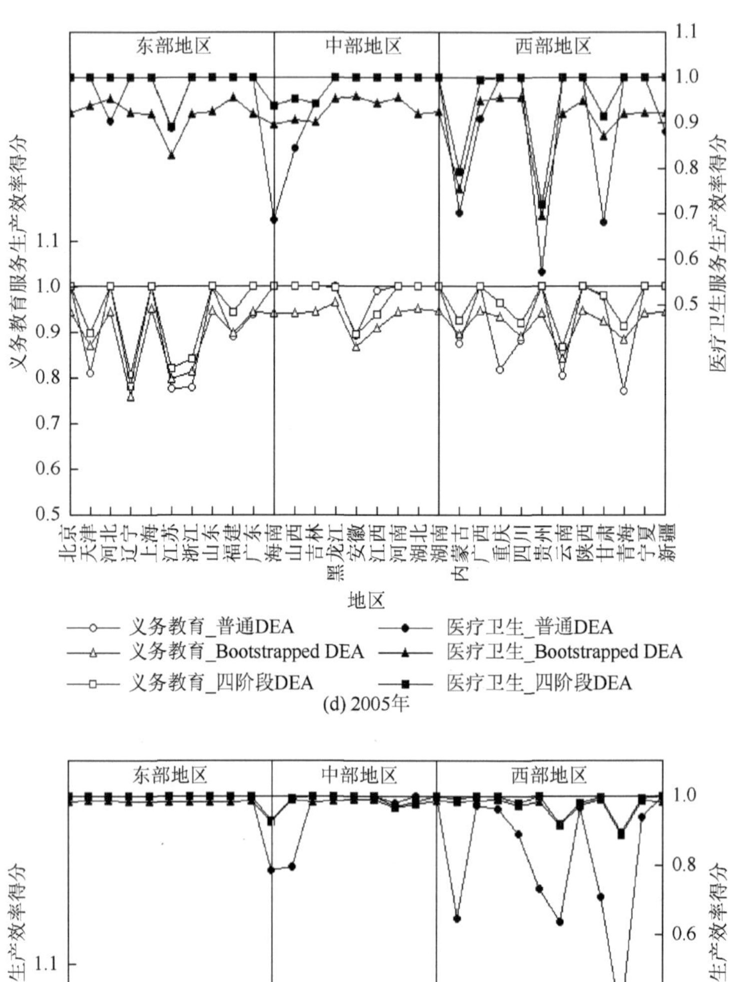

(d) 2005年

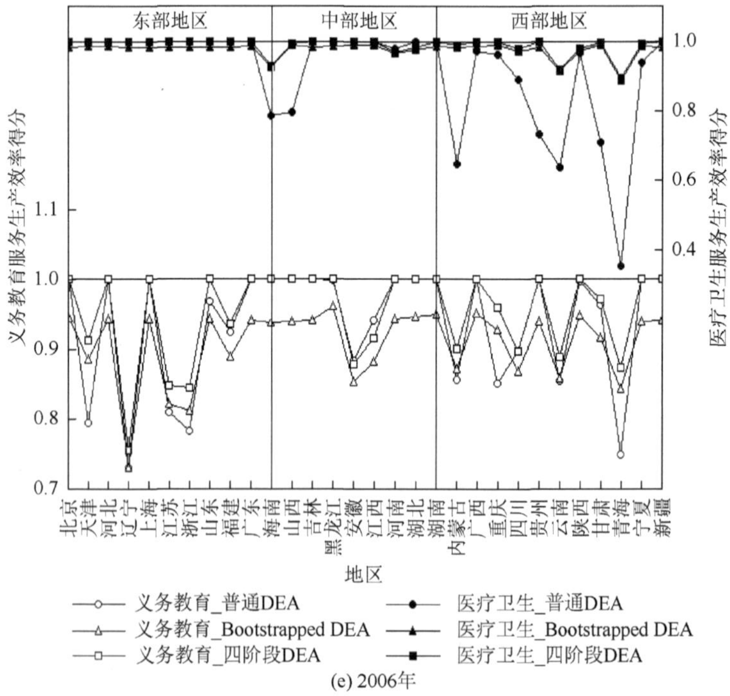

(e) 2006年

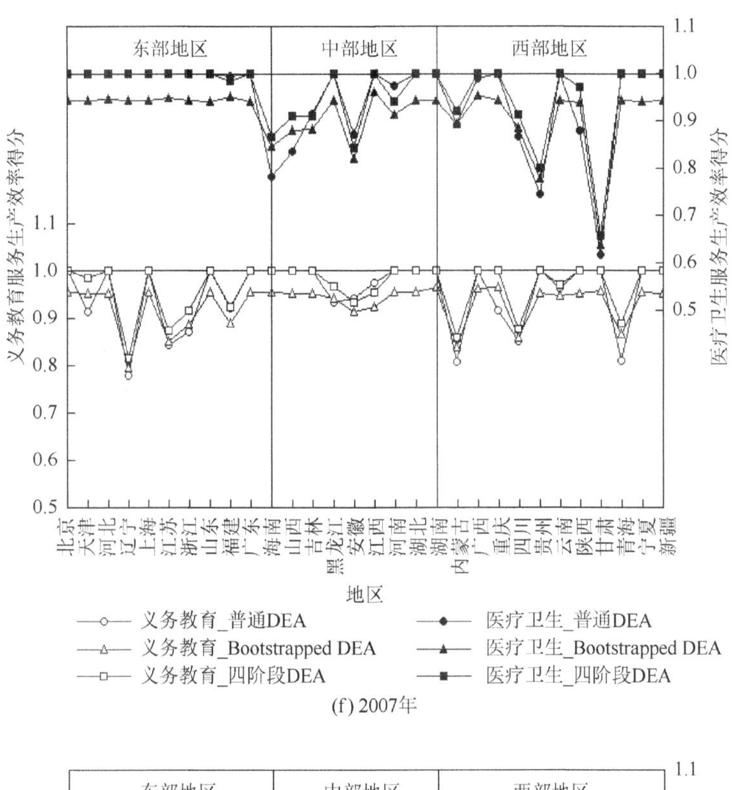

(f) 2007年

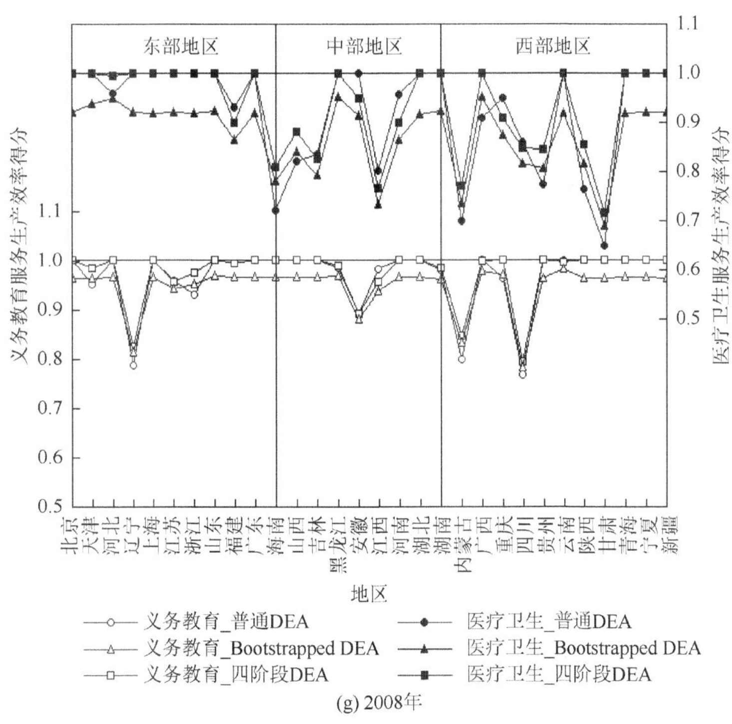

(g) 2008年

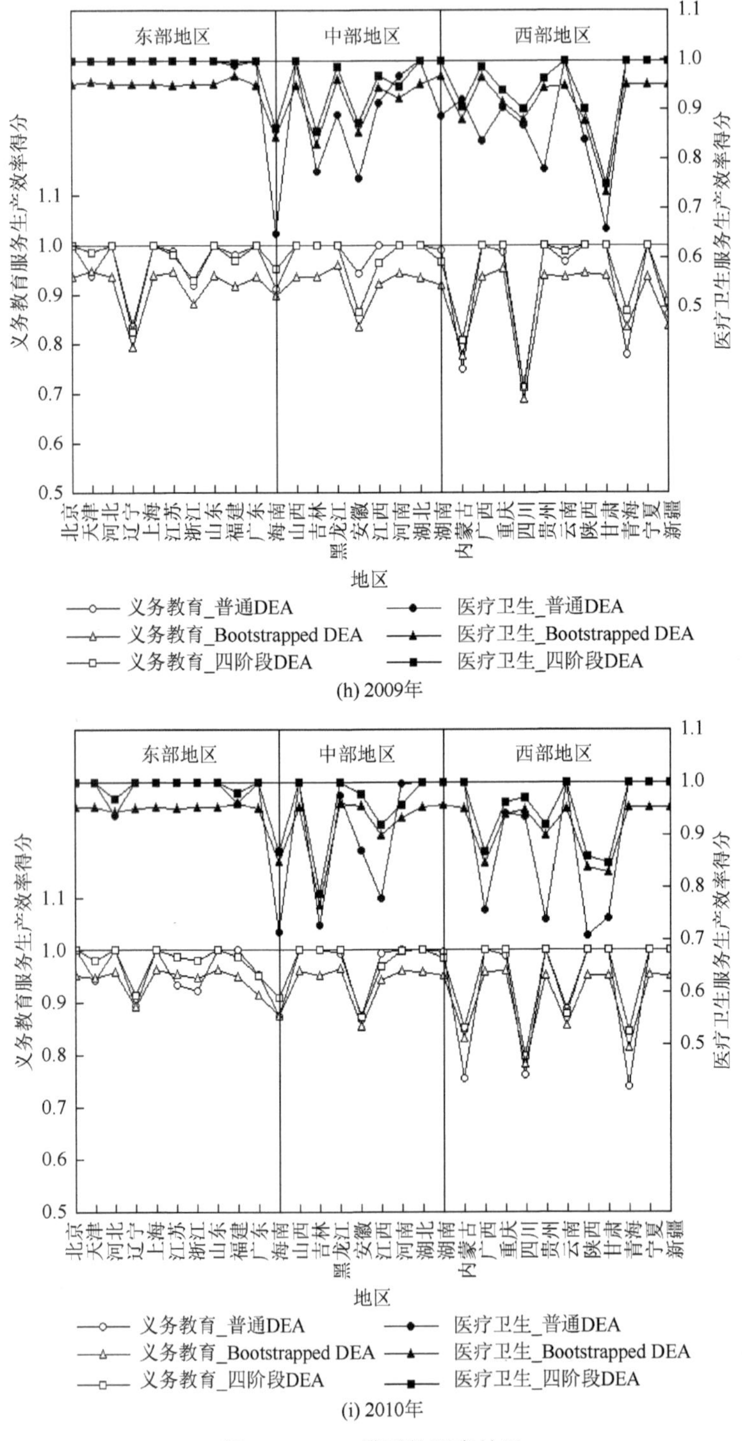

(h) 2009年

(i) 2010年

图 4-3　DEA 模型的测度结果

义务教育四阶段 DEA 得分与普通 DEA 得分的差异进一步证实了上述解释。如图 4-3 所示，平均来看，中部地区普通 DEA 与四阶段 DEA 效率得分基本保持一致，表明中部地区处于最佳的外部环境中；而东部和西部地区在对外部环境进行调整以后，义务教育服务生产效率得分平均而言都有所提高，表明这两个地区相对较低的义务教育生产效率在一定程度上应归因于不利环境的干扰。事实上，根据本书构建的 Tobit 回归模型，东部地区的人均 GDP 和市场化程度都要高于中部和西部地区，因此可以判断更高的 GDP 和更为发达的市场经济体系，反而成为政府生产义务教育服务面临的不利外部环境，这恰好验证了上文对东部地区义务教育 DEA 得分相对最低的解释。

在对四阶段 DEA 效率得分进行偏误修正后，全国义务教育部门的平均效率水平在样本期间内都有不同程度的降低，平均而言，Bootstrap 偏误修正后的 DEA 效率得分与四阶段 DEA 效率得分相比最低下降了 2.9%（2008 年），最高下降了 5.6%（2004 年）①。在同时控制外生环境因素的影响和随机冲击带来的偏误后，地方义务教育服务部门如果保持投入比例和产出水平不变的话，在 2004 年平均可以通过降低 11%（样本期间最高）的投入而达到有效率的状态，2008 年可以降低 5.6%（样本期间最低）的投入。

4.4.2　医疗卫生服务生产效率的测度结果与分析

从图 4-3 可以看到，平均而言，东部地区生产医疗卫生服务的效率是最高的，中部地区次之，西部地区的平均效率得分最低，上述结论在三种 DEA 模型下都是成立的，这与我们通常的直觉相符。东部地区更高的生产效率水平可以从生产和消费两个层面进行解释。从生产的角度来看，与中西部地区相比，东部地区拥有更为发达的医疗卫生服务体系及更为先进的医疗卫生服务技术，制度、技术、设备、人才的优势使得东部地区医疗卫生机构利用相同的投入能够提供更多的医疗卫生服务；从消费的角度来看，医疗卫生服务的供给和消费基本上属于同一过程，甚至可以说是居民对医疗卫生服务的需求创造了生产，东部地区居民对医疗卫生服务的偏好强度更高，意味着有更多的人去消费医疗卫生服务，因此医疗卫生服务的供给量相应的也会更高。此外，医疗卫生服务生产和提供的规模经济效应特别明显，在许多情况下，医护人员操作一台仪器为一位病人检查身体所耗费的成本与先后为十位病人检查身体差别不会太大，因此，东部地区医疗卫生的单位投入能够转化为更高水平的服务产出。

---

① 对于 Bootstrap 修正后所有 DMU 的效率得分都有所下降的情况，Simar 和 Wilson（1998）给出了比较规范的说明。在此不再赘述。

医疗卫生四阶段 DEA 得分与普通 DEA 得分的差异显示，在对生产外部环境调整以后，三个地区医疗卫生部门的生产效率水平均有所提高，其中西部地区提高的幅度最大（在 2006 年，西部地区四阶段 DEA 得分的平均值相比较普通 DEA 得分的平均值提高了 22%），东部地区提高的幅度最小。由此表明，西部地区政府提供医疗卫生服务的外部环境最差，而东部地区的外部环境相对而言是最优越的。

在对四阶段 DEA 效率得分进行偏误修正后，全国医疗卫生部门的平均效率水平在样本期间内都有不同程度的降低，平均而言，偏误修正后的 DEA 效率得分与四阶段 DEA 效率得分相比最低下降了 1.13%（2006 年），最高下降了 5.9%（2005 年）。在同时控制外生环境因素的影响和随机冲击带来的偏误后，地方医疗卫生服务部门如果保持投入比例和产出水平不变的话，在 2008 年平均可以通过降低 12.4%（样本期间最高）的投入而达到有效率的状态，2006 年这一比率为 2.4%（样本期间最低）。

4.5 本 章 小 结

本章运用四阶段 DEA 和 Bootstrapped DEA 模型，对地方义务教育服务和医疗卫生服务的生产效率进行评估。采用四阶段 DEA 和 Bootstrapped DEA 模型的目的是“过滤”外部环境和随机冲击对公共部门生产行为的影响，确保 DEA 得分衡量的是地方政府真实或“纯粹”的技术效率水平，从而准确地评估地方政府使用公共资金生产公共服务的努力程度。实证研究结果表明如下。

（1）总体来看，中国地方政府生产义务教育服务和医疗卫生服务的努力程度较高，两类服务的投入-产出效率水平在样本期间平均在 90%左右。

（2）分地区来看，中部地区生产义务教育服务的平均效率得分最高，西部地区次之，东部地区最低；东部地区医疗卫生服务的平均效率得分最高，中部地区次之，西部地区最低。

（3）根据四阶段 DEA 得分与普通 DEA 得分的比较，中部地区生产义务教育服务的外部环境相对最佳，而东部和西部地区在生产义务教育服务时受到不利的外部环境的干扰；医疗卫生服务的情况恰好相反，西部地区生产医疗卫生服务的外部环境最差，而东部地区的外部环境相对而言却是最佳的。

（4）根据 Bootstrapped DEA 得分与四阶段 DEA 得分的比较，在修正了随机冲击导致的偏误以后，样本期间，全国义务教育部门和医疗卫生部门的平均效率水平均有不同程度的降低，表明地方政府在生产两类公共服务时主要遭受的是负向的不利冲击。

第 5 章　生计公共支出的测度：扩展线性支出系统的应用

如前所述，为保证机会平等导向的公共服务均等化模式与公共服务的底线均等要求不冲突，在实现机会平等目标从而对地方政府的财政资源进行再分配时，应首先保证地方政府能够获得一笔公共资金用于提供基本保障水平的公共服务。我们定义与基本保障水平的公共服务相对应的财政支出水平为“生计公共支出”。本章遵循 Langørgen 和 Aaberge（1999）、Aaberge 等（2010）的做法，构建反映地方财政收支行为的扩展线性支出系统（extend linear expenditure system，ELES），对地方生计公共支出水平进行估计。

5.1　扩展线性支出系统模型

假定地方政府通过选择公共服务和本级财政收入水平[①]，致力于最大化 Stone-Geary 形式效用函数[②]：

$$W(t,q_1,q_2,\cdots,q_s)=(\kappa-t)^{\theta}\prod_{i=1}^{s}(q_i-\gamma_i)^{\beta_i} \tag{5-1}$$

参数约束式为

$$\theta+\sum_{i=1}^{s}\beta_i=1; 0\leqslant\beta_i\leqslant 1\ \forall i; 0\leqslant\theta\leqslant 1; \gamma_i\leqslant q_i; \kappa\geqslant t \tag{5-2}$$

---

① 我们假定地方财政收入和各类财政支出水平是由地方政府选择的内生变量，即分权的地方政府能够确定地方财政支出的优先序安排，同时确定地方税的课征水平。在中国式财政分权体制下，虽然地方税种的税率和税基都由中央政府决定，但地方政府通过控制税收征管努力程度，对地方税收水平具有较大的影响能力，因此，假定税收收入是地方政府可控的内生变量是可以接受的。

② Stone-Geary 形式效用函数的合理性在于：通常情况下，地方辖区居民不愿多纳税，但又希望政府多提供公共服务。因此，地方政府不可能无限制提高辖区居民的税收负担，否则 $(\kappa-t)^{\theta}$ 将接近于 0，地方政府效用降低；同时，地方政府也不可能无限制减小税负，否则无法为公共服务供给融资，$\prod_{i=1}^{s}(q_i-\gamma_i)^{\beta_i}$ 也会接近于 0，地方政府的效用水平同样会很低。这一效用函数较好地反映了地方政府在税收和公共支出决策中面临的权衡取舍问题。同时，κ 和 γ_i 的设定比较符合中国的实际。在中国，每个居民对本辖区的税收负担可能存在一个可接受的上限，这是由辖区的经济发展水平和生产经营状况决定的；而生计服务水平可能产生于国家法律的约束（如义务教育），也可能产生于社会规范或道德压力（如抚恤救济服务），还可能产生于地方政府正常运转的需要（如行政管理）。也就是说，正式或非正式制度要求政府各部门的公共服务供给水平至少要达到某个大于 0 的水平，才能保证政府的正常运行和社会生活的正常维续。

其中，q_i 是地方政府第 i 个服务部门（$i=1,2,\cdots,s$）提供的人均公共服务水平；γ_i 是第 i 种公共服务的人均生计水平，即满足居民公共服务基本需要的供给水平；κ 是地方辖区居民人均最大可接受财政收入水平；t 是地方政府人均本级自有财政收入；θ 和 β_i 是地方政府的边际配置倾向。

同时，地方政府面临平衡预算规则的限制，不能举债也不允许出现财政赤字。地方政府的预算约束为

$$g+t=\sum_{i=1}^{s}p_iq_i \tag{5-3}$$

其中，g 是来自中央政府的人均转移支付补助收入；p_i 是地方政府提供的第 i 种公共服务的价格；p_iq_i 是地方政府用于提供该公共服务的人均财政支出。地方政府在预算约束条件式（5-3）和参数约束条件式（5-2）的约束下，最大化效用函数式（5-1）。求解上述有约束的最大化问题，得到如下扩展线性支出系统：

$$p_iq_i=p_i\gamma_i+\beta_i\left(g+\kappa-\sum_j p_j\gamma_j\right),\quad i=1,2,\cdots,s$$

$$t=\kappa-\theta\left(g+\kappa-\sum_j p_j\gamma_j\right) \tag{5-4}$$

其中，$\sum_j p_j\gamma_j$ 是地方总生计财政支出；$g+\kappa-\sum_j p_j\gamma_j$ 是地方潜在最高收入扣除总生计财政支出后的余额，这一金额或根据边际配置倾向参数 β_i 在不同服务部门间进行配置，或按比例 θ 用于降低辖区居民的税收负担。

由于不可能获得地方公共服务价格的数据，将式（5-4）改为支出的形式更便于估计：

$$u_i=\alpha_i+\beta_i(g+\kappa-\alpha),\quad i=1,2,\cdots,s$$
$$t=\kappa-\theta(g+\kappa-\alpha) \tag{5-5}$$

其中，$u_i=p_iq_i$；$\alpha_i=p_i\gamma_i$；$\alpha=\sum_j p_j\gamma_j$。为完全识别出支出系统式（5-5），一个可行的办法是，允许系统中的参数存在异质性，并对异质参数施加一个可识别的线性函数形式[①]。为此，我们假定：

$$\alpha_i=\alpha_{i0}+\sum_{j=1}^{r_{\alpha_i}}\alpha_{ij}z_j,\quad i=1,2,\cdots,s \tag{5-6}$$

其中，α_{i0} 是常数项；$z_1,z_2,\cdots,z_{r_\alpha}$ 是决定第 i 类公共服务生计支出的变量集，包括

① Pollak 和 Wales（1981）将这一过程称为“翻译”需求系统。

影响居民生计服务消费水平的人口结构特征变量，以及影响公共服务价格水平，反映地区公共服务生产技术和成本结构的地理、气候、经济和社会变量。例如，在老年人和弱势群体比重越高的地区，政府向居民提供必要的社会福利救济及社会保障服务的支出相对越高；而在冬季气候更为恶劣的地区，地方政府对城市道路、给排水管道等市政设施进行建设和维护，可能需要支付更高的成本。

$$\kappa = \kappa_0 + \sum_{j=1}^{r_\kappa} \kappa_j z_j \tag{5-7}$$

其中，κ_0 是常数项；$z_1, z_2, \cdots, z_{r_\kappa}$ 是决定各地区最大可接受财政收入的变量集，反映各地区潜在的财政收入能力，具体包括地方辖区的产业结构、企业经营与盈利状况、居民劳动报酬等变量。通常情况下，在劳动报酬或企业盈利水平较高的地区，居民愿意且能够承担的税收负担显然要高于劳动报酬低或企业盈利状况不佳的地区。

$$\beta_i = \beta_{i0} + \sum_{j=1}^{m_{\beta_i}} \beta_{ij} t_j, \quad i = 1, 2, \cdots, s$$

$$\theta = \theta_0 + \sum_{j=1}^{m_\theta} \theta_j t_j \tag{5-8}$$

其中，β_{i0} 和 θ_0 是常数项；$t_1, t_2, \cdots, t_m$ 是影响地方政府边际预算配置倾向的变量集，反映各地区政府和居民对不同类型公共服务及财政负担程度的偏好，具体包括辖区经济发展水平、居民受教育程度、公务员比重等。例如，在经济发达的地区，居民对教育、医疗及社会保障服务的偏好强度可能更高，从而会通过各种方式要求地方政府增加相关服务的支出；而在公务员比重较高的地区，政府可能倾向于安排更多的公共资金用于行政管理和公务员在岗或离退休福利。

为保证参数约束条件式（5-2）成立，必须对式（5-8）中的参数施加如下约束：

$$\theta_j + \sum_{i=1}^{s} \beta_{ij} = 0, \quad j = 1, 2, \cdots, m$$

$$\theta_0 + \sum_{i=1}^{s} \beta_{i0} = 1 \tag{5-9}$$

假定影响生计财政支出与影响边际配置倾向的辖区特征变量集不重合，则利用地方财政收支、转移支付和辖区经济、社会、人口特征变量的数据，就能完全识别由式（5-5）～式（5-8）和参数约束条件式（5-9）组成的扩展线性支出系统，从而估计得到地方生计财政支出（α_i）、最大可接受财政收入水平（κ）和边际配置倾向（β_i 和 θ）的参数值。

5.2 变量与数据

5.2.1 财政收支与转移支付变量

按照原有的地方一般预算收支预决算表中的预算支出统计口径①，我们选取教育事业费、基本建设支出、行政管理费、公检法司支出、社会保障补助支出、卫生经费、城市维护费、抚恤和社会福利救济费、行政事业单位离退休经费、文体广播事业费、农林支出及水利气象部门事业费（以下简称农林支出）、其他支出②等12 类财政支出作为分析对象。除其他支出外，平均而言，样本期间③教育事业费（15.28%）、基本建设支出（10.8%）和行政管理费（9.41%）占地方财政总支出的比重在所有支出中最高。由此表明，在现阶段，提供教育服务、进行经济建设及维持行政机构运转是地方政府履行的主要职能。由于其他支出仅起到平衡总支出的作用，本书主要关注的是除此之外的其余 11 类支出，这些支出占总支出的比重合计超过了 73%，基本涵盖和反映了地方政府参与经济、社会管理的主要职能。

此外，地方本级财政收入为地方一般预算收支预决算表中的本年收入合计项。这一项目是地方固有税种收入、规费收入与中央地方共享税收入地方分享部分的加总，不包括中央对地方的补助收入、上年结余收入、调入资金等其他收入项目。在构成地方本级财政收入的各个项目中，地方政府对规费收入拥有最大的控制权，对固有税种收入具有一定的控制权，但对共享税的控制力度最小，这是因为规费和地方固有税种由地方财政机关或地税系统征管，而共享税主要由国税系统征管。但是，即便是共享税收入在一定程度上也受地方政府行为的影响，如地方政府可以通过支持国有企业发展影响增值税和企业所得税税基，间接实现对共享税收入的控制。因此，上文假定地方本级财政收入是地方政府的内生政策变量具有一定的合理性。

式（5-3）中的中央政府的转移支付补助收入 g 是指地方一般预算收支预决算表中的中央补助收入项。目前，中央对地方的转移支付主要包括三大类：一是税收返还，包括消费税和增值税返还、所得税基数返还及结算补助；二是财力性补助，包括均衡性转移支付、民族地区转移支付补助、调整工资转移支付补助、缓解县乡财政困难转移支付补助等；三是专项补助，根据本书的研究目的，我们选

---

① 2007 年以后，财政部在编制中央和地方预决算表时，采用了新的统计口径。新的统计口径下地方财政支出划分为一般预算支出、一般公共服务、教育、公共安全、科学技术、文化体育与传媒、社会保障与就业、医疗卫生、环境保护、农林水事务、交通运输、工商金融等事务、外交、其他支出等 14 类支出。

② 其他支出等于总支出减去上述 11 种支出。引入其他支出的目的是保证各类支出加总后等于总支出。其他支出由政策性补贴支出、支援不发达地区支出等 18 类支出组成，这些支出种类繁杂，且占总支出的比重普遍偏低，最高不超过 3%，因此并不是本书的主要分析对象。

③ 样本期间为 1998～2006 年。

用的变量包括中央补助收入、均衡性转移支付、扣除均衡性转移支付后的其他转移支付（以下简称其他转移支付）三个变量。

5.2.2 反映扩展线性支出系统中参数异质性的地方特征变量集

前文已述，为完全识别出地方政府扩展线性支出系统中的参数，我们需要收集大量的地方辖区特征变量，以全面反映地方公共服务生产技术、成本和偏好的差异。遵循既有研究的做法，同时考虑数据可获性的约束，我们选择如下几种变量。

1. 影响边际配置倾向的变量

既有研究认为，辖区居民和地方政府对不同公共服务的偏好是影响地方边际配置倾向的主要因素。其中，反映居民偏好的变量主要是居民收入水平和居民受教育程度（Bastiaens et al.，2000）；反映政府偏好的变量主要是议会政党结构变量（Aaberge et al.，2010），如议会中左翼政党议员（Jackman and Papadachi，1981）或社会主义者（Allers，2007）的比例等。考虑数据可获性及中外政治体制的差异，我们选择的地方偏好变量为：①人均 GDP。作为地方居民人均收入水平的替代变量。②居民人均受教育程度。具体计算办法为：令文盲人口的受教育年数为 0 年，小学程度人口的受教育年数为 6 年；初中程度人口的受教育年数为 9 年；高中程度人口的受教育年数为 12 年；大学及以上学历人口的受教育年数为 18 年。根据各学历程度人口占总人口的比重，将各教育年数进行加权平均，结果即为人口的平均受教育年数（龚锋和卢洪友，2009）。③公共管理和社会组织职工占比，即公共管理和社会组织职工占全社会职工总人数的比例[①]。我们选用这一变量作为政府偏好变量的替代指标。政府偏好实质上是政府机构人员的偏好，因此，不同地区政府工作人员的规模不同，可能会导致其对不同类型公共服务的偏好出现差异。总之，人均 GDP 和居民人均受教育程度是反映居民公共服务需求偏好的变量，地方政府在进行决策时，应当对居民的偏好做出反应；公共管理和社会组织职工占比则直接反映地方政府的公共支出偏好。遵循既有研究的做法，假定影响各类公共服务边际配置倾向的变量相同，但各个变量的系数不同（Allers，2007）。

2. 影响地方生计财政支出的变量

如前所述，地方生计财政支出等于公共服务生计水平乘以单位成本（价格）。假定单位成本是地方公共服务生产条件和技术等可测变量的函数，生计服务水平

① 2002 年及之前的统计口径为“国家机关、政党机关和社会团体”职工；2003 年及之后的统计口径为“公共管理和社会组织”职工。两者只是名称的改变，数据口径完全一致，为简化表述，后文统称为“公共管理和社会组织职工占比”。

受地方人口规模和结构的影响（Aaberge and Langørgen，2006）。通过对既有研究的总结，我们选取以下 29 个变量作为影响地方政府公共服务生计财政支出（影响公共服务生计水平或单位成本）的变量。

（1）人口规模和结构变量。具体包括：人口规模、人口密度、城镇人口比例、15 岁以下人口比例、65 岁及以上人口比例、外来人口比例。

（2）经济结构与水平变量。具体包括：第二产业产值占比、国有企业产值占比、公共部门平均工资、铁路密度、公路密度、建成区面积、城市万人铺装道路面积、人均农作物种植面积、人均粮棉油产量、人均农业受灾面积。

（3）社会发展水平变量。具体包括：在校学生占比、财政供养人数、人口火灾发生率、万人车祸次数、城镇登记失业率、社会保险参保人数占比、领取社会救济人数占比、万人卫生机构床位数、万人卫生机构人员数、冬季平均气温、自然灾害受灾人次、行政事业单位离退休人数占比、万人文化机构数量。

由于不同类型公共服务的生产技术和条件存在明显差异，遵循既有研究的做法，我们允许每个支出方程中包含的变量不同（Langørgen and Aaberge，1999；Bastiaens et al.，2000）。

3. 影响地方居民最大可接受财政收入的变量

假定影响地方居民最大可接受财政收入的变量包括：第三产业产值占比、职工平均工资、人均建筑业产值、人均批发零售业销售额、人均公路旅客周转量、人均公路货运周转量。显然，上述变量都是地方本级固有税种的税基，其取值越大，地方居民的税负承担能力就越强。

5.2.3 数据来源

三类财政缺口变量由本书分解计算得到。其余变量根据《中国统计年鉴》《中国区域经济统计年鉴》《中国财政年鉴》《地方财政统计资料》《中国人口统计年鉴》《中国民政统计年鉴》《中国劳动统计年鉴》上的原始数据计算整理得到。此外，财政分权程度数据来自龚锋和雷欣（2010）。数据样本为中国 30 个省区市（不含西藏、香港、澳门和台湾）1998～2006 年的面板数据。之所以限定在这一时间段，是因为在于此前财政支出中教育事业费、卫生经费和文体广播事业费合并在一个统计口径——文教科卫经费下，无法获得分离后的数据；从 2007 年开始，中国改变了预算统计口径，且并未汇报与此前统计口径的转换关系，无法将前后数据统一，因此我们不得不放弃 2006 年以后的数据样本。

5.3 实证结果分析

5.3.1 扩展线性支出系统的估计结果

通过估计由式（5-5）～式（5-9）构成的扩展线性支出系统，能够测度各地区的生计财政支出和最大可接受财政收入水平，据此可以实现对地方纵向财政缺口的分解。扩展线性支出系统由 13 个方程组成，其中 12 个方程的被解释变量分别为各类财政支出，1 个方程的被解释变量为地方本级财政收入。考虑到样本量和自由度的矛盾，不可能在每个方程中引入全部地方辖区特征变量作为解释变量。遵循既有研究的做法，设定每个方程中影响地方边际配置倾向的变量相同，即都包括人均 GDP、人均受教育程度和国家机关社会组织职工占比三个变量；设定每个方程中影响生计财政支出和最大可接受财政收入的变量不同，根据变量的经济含义及计量检验标准确定每个方程中具体应包括哪些变量。解释变量选择的程序是：首先，在每个方程中引入 1～2 个基本变量（即从经济含义上看明显对某类公共服务的生计财政支出或最大可接受财政收入水平具有影响的变量，如在校学生占比显然对教育事业费的生计支出具有影响）；其次，基于以下三个标准引入其他变量，一是从经济含义上看变量的引入是否有意义，二是变量引入后估计系数是否显著，三是变量引入后模型的解释效力是否提高。在实际估计过程中，除少数经济含义非常明显但不显著的变量依然保留在模型中外，最终汇报的方程系统的估计结果中影响各类公共服务生计财政支出或最大可接受财政收入水平的变量都是统计显著的。由于地方政府面临预算平衡约束，地方各类财政支出之间存在此增彼减的关系，每个支出方程的残差项可能存在相关性，因此，我们采用联立方程组似无相关回归技术（seeming unrelated regression，SUR）对支出系统进行估计。估计结果如表 5-1 所示。

就生计财政支出的影响因素而言，大部分解释变量的估计系数都具有预期的符号。例如，在校学生占比越高，教育事业费的生计支出就越高；公共部门平均工资和财政供养人数越高，行政管理费的生计财政支出就越高；社会保险参保人数占比和城镇登记失业率越高，社会保障补助支出的生计财政支出也越高；65 岁及以上人口比例、自然灾害受灾人次越高，抚恤和社会福利救济费的生计财政支出也越高；行政事业单位离退休人数占比越高，行政事业单位离退休经费的生计财政支出也越高；冬季平均气温越高的地区，社会保障补助支出、卫生经费、城市维护费、抚恤和社会福利救济费的生计财政支出就越低等。此外，影响最大可接受财政收入水平的解释变量的系数都为正且基本显著，这与预期也是一致的，但也有一些解释变量的符号与通常的直觉不一致。例如，铁路密度和公路密度更大的地区，基本建设支出的生计财政支出反而越低，这可能是由于

表 5-1　生计财政支出与最大可接受财政收入联立方程组估计结果

变量	支出类别												
	教育事业费	基本建设支出	行政管理费	公检法司支出	社会保障补助支出	卫生经费	城市维护费	抚恤和社会福利救济费	行政事业单位离退休经费	文体广播事业费	农林支出	其他支出	t
人均 GDP	0.043 (12.1)***	0.105 (11.7)***	0.005 (1.9)*	0.017 (6.6)***	−0.001 (−0.3)	0.015 (6.1)***	0.025 (7.1)***	0.0006 (0.5)	−0.009 (−2.9)***	0.012 (4.9)***	0.003 (1.1)	0.136 (14.0)***	
居民人均受教育程度	−0.007 (−1.8)*	−0.064 (−5.8)***	0.006 (1.7)*	0.006 (2.2)**	0.007 (1.4)	0.003 (1.2)	−0.0008 (−0.2)	0.008 (5.9)***	0.015 (3.9)***	−0.006 (−2.0)**	0.0008 (0.2)	0.033 (3.5)***	
公共管理和社会组织职工占比	−0.002 (−1.8)*	−0.015 (−5.5)***	0.005 (5.1)***	−0.0008 (−0.9)	0.002 (1.1)	0.0004 (0.5)	−0.002 (−1.7)*	0.001 (3.5)***	0.006 (5.5)***	−0.004 (−4.2)***	0.003 (2.6)***	−0.007 (−2.5)***	
冬季平均气温	−0.861 (−1.3)	0.23 (0.1)	−0.475 (−1.3)	0.341 (0.8)	−3.006 (−4.8)***	−0.631 (−1.7)*	−1.084 (−2.6)***	−0.59 (−2.8)***	0.36 (0.8)	−0.094 (−0.3)	−0.259 (−0.5)	−0.734 (−0.5)	
人口规模	−0.003 (−2.9)***		−0.002 (−1.9)*	0.002 (2.8)***								−0.008 (−3.5)***	
人口密度										−0.052 (−7.9)***			
城镇人口比例				0.251 (1.2)	−1.511 (−3.4)***		0.304 (0.9)				−0.646 (−2.5)***	−1.72 (−2.5)***	
15 岁以下人口比例	−5.832 (−7.5)***					1.604 (3.2)***							
65 岁及以上人口比例					−7.239 (−3.0)***	1.804 (1.4)		2.162 (3.7)***	8.477 (5.4)***				
外来人口比例			−1.673 (−4.3)***	0.58 (2.1)**									
在校学生占比	9.469 (10.4)***												

续表

变量	支出类别												
	教育事业费	基本建设支出	行政管理费	公检法司支出	社会保障补助支出	卫生经费	城市维护费	抚恤和社会福利救济费	行政事业单位离退休经费	文体广播事业费	农林支出	其他支出	t
第二产业产值占比		−0.7359 (−0.7)											
第三产业产值占比													14.923 (12.1)***
铁路密度		−1627.6 (−2.1)**											
公路密度		−159.13 (−4.1)***											
国有企业产值占比		1.56928 (3.3)***											
公共部门平均工资			0.009 (16.6)***						0.003 (6.5)***				
财政供养人数			17.497 (3.9)***										
人口火灾发生率				0.247 (2.4)**									
万人车祸次数				−0.981 (−2.7)***									
城镇登记失业率					27.747 (7.9)***								
社会保险参保人数占比					1.582 (4.7)***								
万人卫生机构床位数						−2.642 (−6.3)***							

续表

变量	支出类别												
	教育事业费	基本建设支出	行政管理费	公检法司支出	社会保障补助支出	卫生经费	城市维护费	抚恤和社会福利救济费	行政事业单位离退休经费	文体广播事业费	农林支出	其他支出	t
万人卫生机构人员数						1.793 (8.7)***							
建成区面积							0.012 (3.5)***			0.005 (1.8)*			
城市万人铺装道路面积							1.944 (3.5)***						
自然灾害受灾人次								0.001 (2.3)**					
领取社会救济人数占比								0.271 (1.2)				−1.814 (−1.3)	
行政事业单位离退休人数占比									93.5 (6.7)***				
万人文化机构数量										−86.2 (−1.1)			
人均农作物种植面积											39.6 (7.3)***		
人均农业受灾面积											21.8 (2.7)***		
人均粮棉油产量												146.2 (5.1)***	
人均建筑业产值													36.9 (0.7)
人均公路旅客周转量													781.9 (2.8)***

续表

变量	支出类别												
	教育事业费	基本建设支出	行政管理费	公检法司支出	社会保障补助支出	卫生经费	城市维护费	抚恤和社会福利救济费	行政事业单位离退休经费	文体广播事业费	农林支出	其他支出	t
人均公路货运周转量													679.5 (2.7)***
职工平均工资													0.019 (5.5)***
人均批发零售业销售额													555.2 (6.8)***
adj_R^2	0.94	0.81	0.83	0.89	0.47	0.77	0.71	0.51	0.43	0.66	0.65	0.95	0.98

注：为节省篇幅，表中省略了常数项。表中括号内数字为 t 统计量

*、**和***分别表示在 10%、5%和 1%的水平上显著

这些地区现有的基础设施和公共工程比较完善和发达，所以需要政府追加的基本建设投资相对就比较低；外来人口比例越高的地区，政府行政管理费的生计财政支出反而越低，这可能是现阶段与户籍挂钩的公共服务供给制度导致的，外来人口的行政事务仍然由其户籍所在地政府管理，并不会增加暂住地政府的行政管理负担；城镇人口比例越高的地区，社会保障补助支出的生计财政支出反而越低，可能的解释是城镇地区商业养老和医疗保险比较普遍，与农村人口更多的地区相比，政府需要提供的基本社会保障服务相对而言反而更低。

就边际配置倾向的影响因素而言，反映居民偏好的人均 GDP 和居民人均受教育程度两个变量与反映政府偏好的公共管理和社会组织职工占比对地方政府边际配置倾向的影响系数在大部分方程中都具有预期的符号。在居民收入水平越高的地区（人均 GDP 更高的地区），居民对基本建设支出、教育事业费、城市维护费等生计财政支出的偏好强度更高；居民人均受教育程度越高的地区，居民对抚恤和社会福利救济费、行政管理费、公检法司支出等生计财政支出的偏好更为强烈；而在公共管理和社会组织职工比例更高的地区，政府对行政管理费和行政事业单位离退休经费的偏好最为强烈。这都符合通常的直觉。

利用估计系数值和变量的数据，根据式（5-6）～式（5-8）可以测算出各省区市历年各类公共服务的生计财政支出、最大可接受财政收入和边际配置倾向的值。表 5-2 汇报了上述测算值的样本平均值。从表 5-2 可以看到，样本期间，地方本级财政收入占地方最大可接受财政收入的比例达到了 90%，由此表明，与地方的税基规模和居民的纳税承担能力相比，地方政府有近 10%的税收能够征收但没有征收，因此地方政府并没有付出 100%的税收征管努力。生计财政支出占地方本级财政支出的比例达到了 60.1%，意味着超过一半的地方本级财政支出是用于满足地方辖区居民对公共服务的最低（或基本）需求。根据边际配置倾向的计算结果可以发现，追求效用最大化的地方政府在满足了地方居民的公共服务基本需求以后，额外的预算资金每增加 1 元，地方政府将其中的 87.2%用于超额提供公共服务，而将另外 12.8%用于弥补和减轻居民税负带来的收入损失。比较各类公共服务生计支出占比与其边际配置倾向的数值可以发现，地方政府对不同类型公共服务的政策选择主要有三种组合：一是生计支出比例高且边际配置倾向也高。教育事业费最具代表性（社会保障补助支出和农林支出也具有这一特征）。地方财政教育事业费的 66.9%用于提供基本教育服务，而地方政府额外获得 1 元预算资金后，愿意将 0.124 元用于超额提供教育服务。二是生计支出比例高，但边际配置倾向较低。行政管理费最具代表性（文体广播事业费也具有这一特征）。地方行政管理费近 80%是生计支出，而地方政府在额外获得 1 元预算资金以后，只愿意拿出 0.038 元来超额提供行政管理服务。三是生计支出比例低，但边际配置倾向很高，最典型的就是基本建设支出。地方基本建设支出只有 50%左右是必需的，地方政府额外预算资金每增加 1 元，却愿意拿出 0.212 元用于基本建设投资[①]。

表 5-2　样本期间各类财政支出的生计值、最大可接受财政收入、边际配置倾向的平均值

地方本级财政收入	最大可接受值	实际值	实际值/最大可接受值	边际配置倾向
	988.72	888.859 28	0.900	0.128
项目	生计值	实际值	生计值/实际值	边际配置倾向
地方本级财政支出	735.43	1 224.29	0.601	0.872
教育事业费	125.95	188.27	0.669	0.124
基本建设支出	74.28	147.09	0.505	0.212
行政管理费	100.61	127.68	0.788	0.038
公检法司支出	45.23	77.85	0.581	0.071
社会保障补助支出	46.85	77.69	0.603	0.077
卫生经费	26.73	52.11	0.513	0.057
城市维护费	29.85	52.01	0.574	0.040
抚恤和社会福利救济费	16.69	30.91	0.540	0.034
行政事业单位离退休经费	35.79	61.39	0.583	0.056
文体广播事业费	19.74	30.94	0.638	0.024
农林支出	50.71	87.28	0.581	0.112
其他支出	163.00	291.07	0.560	0.028

5.3.2　教育与医疗卫生服务生计财政支出测算结果分析

基于上述方法，可以测算出 1998～2006 年地方教育事业费和卫生经费的生计财政支出水平（人均值）。表 5-3 和表 5-5 分别汇报了各省区市教育事业费和卫生经费生计财政支出水平。表 5-4 和表 5-6 分别汇报了各省区市两类支出生计值占实际值的比重。

表 5-3　教育事业费生计财政支出水平（人均值）　单位：元

地区	省区市	1998 年	1999 年	2000 年	2001 年	2002 年	2003 年	2004 年	2005 年	2006 年	均值
东部地区	北京	160.79	156.12	150.73	154.65	147.77	149.39	182.07	179.57	172.63	161.52
	天津	153.41	154.38	153.13	155.11	162.22	168.96	186.18	191.03	185.30	167.75

① 根据这一测算结果，对追求 Stone-Geary 效用函数最大化的地方政府而言，教育公共服务类似于“正常品”，行政管理服务类似于“必需品”，而基本建设服务类似于“奢侈品”。

续表

地区	省区市	1998 年	1999 年	2000 年	2001 年	2002 年	2003 年	2004 年	2005 年	2006 年	均值
东部地区	河北	67.86	76.59	86.53	130.76	152.18	159.71	162.47	159.72	156.43	128.03
	辽宁	92.27	131.57	151.01	152.66	150.03	154.85	162.13	167.37	183.93	149.54
	上海	128.93	130.58	113.27	116.55	119.09	124.87	141.18	141.09	139.64	128.36
	江苏	121.72	128.05	124.27	129.17	128.39	138.73	145.22	151.59	144.61	134.64
	浙江	110.54	115.45	116.93	125.19	130.69	138.41	150.20	155.61	155.83	133.21
	山东	80.34	88.81	100.35	130.30	128.84	131.18	138.66	148.94	137.83	120.58
	福建	125.35	127.73	125.27	125.48	123.78	120.39	133.24	140.18	152.02	130.38
	广东	104.25	110.32	90.62	107.68	120.55	126.12	150.43	165.95	138.79	123.86
	海南	85.81	94.35	94.00	91.43	97.78	107.78	120.36	135.07	179.34	111.77
中部地区	山西	73.37	81.27	90.95	132.05	168.03	181.56	195.14	199.45	199.44	146.81
	吉林	83.78	96.44	130.60	132.73	161.17	160.01	175.49	176.89	183.35	144.50
	黑龙江	77.64	103.47	130.70	161.58	158.27	159.32	174.79	174.11	118.41	139.81
	安徽	53.16	61.45	73.17	83.89	121.06	130.64	136.30	130.72	126.07	101.83
	江西	55.49	62.63	74.57	99.39	105.50	118.78	132.97	127.24	144.79	102.37
	河南	52.15	59.75	68.33	80.48	99.20	130.88	157.08	162.89	162.20	108.11
	湖北	60.69	69.33	77.08	92.40	115.46	125.86	133.93	137.26	127.61	104.40
	湖南	50.86	56.82	64.98	79.23	103.99	109.82	109.79	110.89	100.72	87.46
西部地区	内蒙古	82.44	91.45	97.21	146.88	149.28	158.00	162.57	166.96	164.36	135.46
	广西	61.30	68.16	79.87	103.06	109.59	111.37	118.52	106.20	141.17	99.92
	重庆	49.00	55.33	95.54	102.02	107.59	114.77	116.02	117.87	144.82	100.33
	四川	48.03	53.74	26.61	86.74	96.02	100.85	111.81	106.35	146.62	86.31
	贵州	52.50	60.92	73.14	106.44	117.56	127.97	140.78	135.09	156.45	107.87
	云南	73.92	75.08	83.84	84.26	91.31	92.24	110.59	102.59	155.51	96.59
	陕西	60.29	73.52	84.79	131.36	132.82	169.80	183.33	183.48	204.60	136.00
	甘肃	63.40	75.06	85.37	131.14	161.78	170.46	182.36	187.81	209.51	140.77
	青海	100.17	84.48	111.52	110.32	120.40	129.43	148.76	148.79	161.78	123.96
	宁夏	86.80	122.39	140.03	143.10	153.19	161.61	174.66	183.78	195.60	151.24
	新疆	131.40	148.80	132.62	181.90	184.87	189.66	206.81	202.66	197.79	175.17

表 5-4 人均教育事业费生计财政支出占实际人均教育事业费比重

地区	省区市	1998 年	1999 年	2000 年	2001 年	2002 年	2003 年	2004 年	2005 年	2006 年	均值
东部地区	北京	48.50%	39.87%	34.68%	29.60%	24.50%	22.01%	22.39%	18.93%	15.58%	28.45%
	天津	67.53%	58.45%	49.65%	42.95%	39.29%	35.90%	34.41%	29.65%	24.42%	42.47%
	河北	81.85%	80.65%	79.23%	97.80%	93.16%	90.79%	77.71%	64.17%	56.93%	80.25%
	辽宁	78.38%	98.73%	97.10%	85.37%	72.12%	66.29%	56.50%	49.68%	47.07%	72.36%
	上海	27.98%	25.65%	22.55%	18.86%	16.67%	16.26%	15.83%	13.71%	12.34%	18.87%
	江苏	97.42%	90.15%	78.72%	65.70%	58.35%	57.37%	50.35%	43.88%	36.61%	64.28%
	浙江	91.58%	80.98%	69.94%	53.32%	44.35%	39.45%	35.43%	32.92%	28.84%	52.98%
	山东	80.12%	78.89%	77.15%	85.52%	71.89%	66.81%	62.15%	55.37%	43.90%	69.09%
	福建	90.03%	80.35%	70.17%	59.59%	52.80%	45.17%	46.37%	44.44%	39.70%	58.74%
	广东	68.25%	66.27%	54.10%	46.49%	40.64%	37.82%	43.38%	46.35%	32.89%	48.47%
	海南	83.11%	84.64%	76.84%	65.25%	55.58%	59.08%	54.93%	46.20%	53.84%	64.39%
中部地区	山西	81.10%	79.99%	78.58%	85.76%	94.33%	89.25%	81.08%	65.54%	55.69%	79.04%
	吉林	79.63%	77.75%	99.49%	80.67%	86.99%	80.58%	78.27%	64.80%	54.70%	78.10%
	黑龙江	80.50%	90.83%	98.44%	94.79%	79.17%	74.95%	72.68%	62.41%	33.86%	76.40%
	安徽	83.79%	82.71%	81.13%	79.61%	99.77%	99.03%	83.42%	68.13%	50.65%	80.92%
	江西	83.49%	82.56%	80.93%	85.90%	75.22%	78.38%	77.28%	62.39%	60.55%	76.30%
	河南	83.92%	82.94%	81.79%	80.10%	77.33%	96.47%	99.57%	81.56%	65.34%	83.22%
	湖北	82.81%	81.65%	80.58%	78.36%	82.98%	84.81%	77.09%	65.94%	49.94%	76.02%
	湖南	84.09%	83.32%	82.24%	80.28%	83.07%	81.25%	70.49%	57.03%	44.90%	74.07%
西部地区	内蒙古	79.82%	78.50%	77.63%	87.86%	73.55%	69.18%	58.53%	50.64%	41.45%	68.57%
	广西	82.73%	81.81%	80.19%	79.57%	73.23%	68.38%	64.00%	47.02%	49.18%	69.57%
	重庆	84.33%	83.51%	45.55%	95.15%	84.86%	83.64%	72.75%	54.37%	51.71%	72.87%
	四川	84.45%	83.72%	87.08%	87.93%	81.43%	80.57%	79.62%	62.15%	65.86%	79.20%
	贵州	83.88%	82.78%	81.13%	91.04%	82.76%	82.37%	74.51%	53.97%	52.52%	76.11%
	云南	61.35%	56.21%	57.69%	47.36%	45.98%	43.32%	43.66%	37.33%	46.35%	48.81%
	陕西	82.87%	81.08%	79.48%	91.80%	80.00%	94.46%	91.36%	68.73%	59.70%	81.05%
	甘肃	82.45%	80.86%	79.40%	93.85%	99.33%	93.28%	89.01%	72.19%	62.41%	83.64%
	青海	85.09%	64.79%	79.45%	56.67%	55.33%	54.72%	52.53%	39.77%	36.37%	58.30%
	宁夏	79.19%	95.26%	97.36%	73.99%	67.46%	68.01%	63.77%	56.11%	47.99%	72.13%
	新疆	91.38%	95.48%	81.43%	79.64%	70.25%	69.17%	66.13%	56.07%	45.42%	72.77%

表 5-5　卫生经费生计财政支出水平（人均值）　　单位：元

地区	省区市	1998 年	1999 年	2000 年	2001 年	2002 年	2003 年	2004 年	2005 年	2006 年	均值
东部地区	北京	43.66	38.28	37.56	29.04	43.54	49.53	51.24	56.44	66.43	46.19
	天津	43.17	34.74	38.08	29.71	19.88	21.36	36.49	18.40	39.89	31.30
	河北	14.41	24.10	24.15	31.39	25.73	31.22	26.61	29.00	21.57	25.35
	辽宁	9.80	23.53	14.79	14.27	12.22	10.66	26.93	28.62	10.72	16.84
	上海	36.17	38.25	37.75	39.32	37.16	39.22	42.88	45.70	49.37	40.65
	江苏	31.36	28.45	28.87	24.96	21.16	17.48	11.52	11.18	31.62	22.96
	浙江	19.37	21.16	20.58	15.52	8.73	29.87	31.07	32.73	35.58	23.85
	山东	24.37	24.41	24.57	33.48	25.57	27.61	20.30	16.43	28.41	25.02
	福建	8.65	6.64	6.07	26.03	16.22	10.24	27.41	27.97	9.60	15.43
	广东	30.05	28.80	26.62	26.73	19.37	20.69	17.10	13.85	31.03	23.80
	海南	21.23	19.08	18.19	17.53	19.18	17.52	18.13	15.42	30.15	19.60
中部地区	山西	24.39	24.56	24.62	25.36	32.96	35.63	29.41	31.19	25.72	28.20
	吉林	24.62	22.57	24.83	25.37	45.86	43.45	41.52	43.68	39.64	34.62
	黑龙江	24.60	24.89	25.03	25.50	43.60	41.52	37.00	39.74	29.73	32.40
	安徽	10.55	11.39	12.13	12.49	13.84	24.21	26.73	27.40	8.76	16.39
	江西	13.43	13.99	24.07	24.33	26.30	30.17	24.64	31.95	36.23	25.01
	河南	9.76	10.37	11.62	12.57	13.98	24.58	30.50	32.33	21.95	18.63
	湖北	24.22	24.47	24.61	24.96	32.34	30.86	24.96	25.75	28.43	26.73
	湖南	10.42	11.16	11.48	12.66	13.63	23.83	18.20	18.19	26.46	16.23
西部地区	内蒙古	24.71	24.90	25.15	25.86	45.89	46.65	41.06	41.69	35.81	34.64
	广西	13.21	13.90	24.15	27.37	19.65	17.93	17.75	22.14	25.99	20.23
	重庆	21.45	22.31	22.33	16.61	15.27	11.62	12.31	10.76	27.74	17.82
	四川	13.38	14.38	6.19	21.80	19.43	17.14	16.21	15.75	18.08	15.82
	贵州	14.20	24.13	24.59	24.94	38.63	36.63	34.85	42.19	38.83	31.00
	云南	24.47	25.02	26.58	23.06	17.74	19.39	12.82	13.12	35.01	21.91
	陕西	14.29	14.55	14.09	24.58	27.09	25.00	20.41	19.50	24.45	20.44
	甘肃	24.11	24.28	24.60	25.15	25.37	38.75	37.20	43.54	43.14	31.79
	青海	43.55	45.90	45.09	43.54	41.46	41.03	39.86	43.79	39.91	42.68
	宁夏	24.94	25.02	25.43	61.70	55.75	52.22	44.06	43.33	39.36	41.31
	新疆	26.16	36.58	54.88	48.51	44.97	44.70	33.17	34.85	31.08	39.43

表 5-6　人均卫生经费生计财政支出占实际人均卫生经费比重

地区	省区市	1998 年	1999 年	2000 年	2001 年	2002 年	2003 年	2004 年	2005 年	2006 年	均值
东部地区	北京	26.68%	21.13%	18.20%	12.14%	16.34%	14.53%	14.15%	13.23%	12.06%	16.50%
	天津	51.76%	40.53%	43.88%	29.81%	17.10%	14.10%	20.38%	10.11%	18.03%	27.30%
	河北	61.14%	95.22%	93.26%	97.08%	70.34%	60.68%	51.56%	44.07%	29.64%	67.00%
	辽宁	26.50%	64.75%	36.59%	34.02%	26.05%	17.83%	44.55%	35.17%	10.47%	32.88%
	上海	20.66%	19.04%	19.39%	18.36%	19.83%	18.42%	16.60%	15.58%	14.57%	18.05%
	江苏	78.66%	66.07%	65.93%	49.07%	37.28%	23.30%	13.72%	11.13%	26.66%	41.31%
	浙江	40.53%	39.81%	35.34%	21.86%	10.89%	30.81%	27.79%	24.71%	21.21%	28.11%
	山东	85.13%	83.85%	78.93%	98.73%	69.17%	63.59%	41.21%	27.92%	36.07%	64.96%
	福建	20.65%	15.11%	13.05%	52.87%	30.56%	17.23%	41.27%	38.13%	10.03%	26.54%
	广东	54.64%	51.11%	48.20%	38.53%	23.63%	22.38%	19.47%	15.46%	27.88%	33.48%
	海南	62.50%	54.95%	51.09%	47.44%	45.41%	30.58%	27.33%	19.59%	33.11%	41.33%
中部地区	山西	84.23%	79.28%	77.66%	61.90%	72.01%	58.09%	43.81%	37.14%	24.48%	59.84%
	吉林	77.54%	65.93%	72.23%	61.71%	97.13%	72.81%	66.09%	57.31%	40.10%	67.87%
	黑龙江	78.10%	70.80%	67.85%	59.79%	95.83%	68.68%	59.89%	54.20%	31.24%	65.15%
	安徽	62.57%	62.26%	61.99%	61.86%	61.35%	90.84%	78.08%	67.03%	15.40%	62.38%
	江西	61.51%	61.30%	96.60%	86.56%	86.68%	85.21%	60.01%	63.07%	54.56%	72.83%
	河南	62.85%	62.63%	62.18%	61.83%	61.30%	78.70%	87.84%	72.54%	33.57%	64.83%
	湖北	90.24%	81.96%	77.73%	69.36%	86.62%	76.40%	56.95%	47.18%	35.98%	69.16%
	湖南	62.61%	62.34%	62.23%	61.79%	61.43%	94.35%	61.77%	47.06%	48.48%	62.45%
西部地区	内蒙古	75.16%	70.60%	65.61%	54.79%	87.93%	64.97%	56.01%	47.65%	30.39%	61.46%
	广西	61.59%	61.33%	93.14%	83.87%	53.06%	41.43%	39.41%	39.70%	36.72%	56.69%
	重庆	94.41%	95.47%	31.52%	58.95%	50.24%	33.61%	31.89%	19.85%	39.37%	50.59%
	四川	61.53%	61.15%	64.09%	75.87%	66.26%	47.46%	41.29%	26.10%	25.69%	52.16%
	贵州	61.22%	94.01%	78.39%	69.90%	96.21%	81.95%	69.59%	60.96%	48.57%	73.42%
	云南	55.90%	51.76%	50.94%	39.30%	26.71%	25.91%	15.63%	13.03%	27.48%	34.07%
	陕西	61.19%	61.09%	61.26%	78.53%	68.75%	55.17%	41.80%	33.41%	31.67%	54.76%
	甘肃	94.82%	88.31%	78.21%	65.54%	61.85%	85.48%	72.66%	63.30%	48.43%	73.18%
	青海	88.67%	12.13%	82.77%	54.82%	49.60%	41.36%	33.89%	26.84%	18.89%	45.44%
	宁夏	69.77%	68.19%	60.77%	88.06%	85.63%	67.59%	59.50%	47.82%	33.92%	64.58%
	新疆	51.41%	67.33%	99.22%	65.95%	54.48%	47.44%	33.41%	27.05%	21.27%	51.95%

（1）教育服务生计财政支出。从表 5-3 可以看到，样本期间，东部地区人均

教育事业费生计财政支出的变动幅度非常小，如北京从 1998 年的 160.79 元提高到 2006 年的 172.63 元，上海从 128.93 元提高到 139.64 元。而中西部地区的变动幅度比较明显，如安徽从 53.16 元提高到 126.07 元，陕西从 60.29 元提高到 204.60 元。但是，从样本期间的均值来看，东、中、西部地区人均教育事业费生计财政支出的差异并不明显，而且地区间生计财政支出的差距在缩小。也就是说，平均而言，各地区居民对教育服务的基本需求或刚性需求基本上是趋于一致的。

另外，自 2001 年以后，中西部地区生计财政支出的变动幅度也趋于减小。全国各地区教育事业费生计财政支出水平基本处于稳定状态。虽然教育服务具有高收入弹性的特征，随着经济发展水平和居民收入水平的提高，居民对教育服务的偏好会不断增强，但是居民对教育服务的基本需求或最低消费水平是由法律、习俗、地理位置等客观因素决定的，只要这些因素不发生显著改变，满足教育服务生计需求的公共支出也不会发生明显改变。

从表 5-4 可以发现，无论是东部发达地区还是中西部欠发达地区，人均教育事业费生计财政支出占实际支出的比例都在不断降低，这是因为样本期间各地区生计财政支出基本保持稳定，而实际财政支出却显著增长。地方政府提供了越来越多超出基本需求之外的额外教育服务，体现了在经济增长从而居民收入水平不断提高的背景下，为满足居民不断增强的教育服务偏好，地方政府在公共服务供给方面做出了切实的努力。

当然，从样本期间的平均值来看，东部地区生计财政支出占实际财政支出的比例普遍较低，而中西部地区则普遍较高。例如，北京市这一比例平均不到 30%，上海市甚至不到 20%；而河南和甘肃两省这一比例则超过了 80%。也就是说，东部地区更有能力提供超额教育公共服务，满足居民的非基本需求，而中西部地区受地方财政能力不足的约束及教育服务供给环境不利等外部条件的限制，其预算安排的教育支出大部分仍用于满足居民的基本需求。

（2）医疗卫生服务生计财政支出。从表 5-5 可以看到，卫生经费生计财政支出的均值呈现出“U”形特征，三个直辖市、西部地区的六省区（内蒙古、贵州、甘肃、青海、宁夏和新疆）及中部的两省（吉林和黑龙江）样本期间人均卫生经费生计财政支出水平的均值高于 30 元，其余地区的生计财政支出水平均值均低于 30 元。导致卫生经费生计财政支出水平区域差异的主要原因显然不是经济发展水平。对于居住在特大城市及地理和自然环境更为恶劣的西部地区和东北地区的居民而言，为维持其基本的健康状况，可能需要政府提供相对更多的医疗卫生公共服务，从而具有更高的卫生经费生计财政支出。

与教育事业费生计财政支出一样，2001 年以来各地区卫生经费生计财政支出的变动幅度不大。而与教育事业费生计财政支出不同的是，各地区教育事业费生计财政支出的变动都呈现出递增的态势，而卫生经费生计财政支出则呈现出波动变化（大部分省区的变动轨迹都表现为先增后减再增长）的特征。

从表 5-6 中可以发现，东部地区人均卫生经费生计财政支出占实际财政支出的比例普遍较低，而中西部地区则普遍较高，这与教育事业费是一致的，表明东部地区地方政府有能力提供更多超过基本需求的超额医疗卫生服务。但总体而言，医疗卫生服务的生计财政支出占比普遍要低于教育服务，居民对教育服务的需求刚性要强于医疗卫生服务。

5.4　本 章 小 结

本章构建并估计了一个包含地方政府财政支出类别的完整的扩展线性支出系统，测算出各类财政支出的生计支出水平，并对教育和医疗卫生两类公共服务的生计财政支出进行了分析并得到如下基本结论。

第一，生计财政支出由居民对公共服务的基本需求或刚性需求决定，而这一需求更多是由法律、习俗、环境等客观因素决定的，因此在较短的时期内，居民对教育和医疗卫生的基本需求及政府安排的生计财政支出水平并不会发生显著改变。自 2001 年以后，上述两类公共服务的生计财政支出在各地区都表现出相对稳定的特征。

第二，各地方政府提供的两类公共服务均超过满足居民基本需求的生计水平，其中东部地区提供的超额教育和医疗卫生服务的比例高于中西部地区。

第三，总体而言，居民对教育服务的刚性需求超过了医疗卫生。

本章的主要目的是为将机会平等和底线均等的公共服务均等化理念相结合提供实证分析方面的数据支持。如上所述，由于统计口径的改变及数据的可获性限制，本章测算的数据期限是 1998～2006 年，而且对于教育服务而言，测算的是整体教育而非义务教育的生计财政支出。为保持前后数据口径的一致，我们不得不做如下折中处理：第一，利用义务教育实际经费占教育实际经费的比例，乘以教育经费生计财政支出水平，由此从教育经费生计财政支出中分离出义务教育服务生计财政支出的数据；第二，求出各省区市 2001～2006 年两类服务人均生计财政支出的平均值，将其作为 2007 年以后各省区市两类服务生计财政支出水平的替补变量。

第 6 章　基于机会平等视角的公共服务供给非均等程度评估

根据 2.2 节提出的机会平等导向的公共服务产出均等化政策设计的思路，本章致力于从机会平等的视角对中国省际公共服务（义务教育服务和医疗卫生服务）供给非均等程度进行评估。评估的基本步骤如下。

第一步：采用层次聚类分析方法，按公共服务供给努力程度（配置效率和生产效率）对地方政府进行分组，界定处于同一群组的地方政府付出了相同的公共服务供给努力程度。

第二步：采用泰尔第一指数及其分解技术，计算努力群组的组内不平等程度，以此实现对公共服务供给机会不平等程度的测度。

第三步：采用非线性规划技术，测算实现机会不平等程度最小的最优公共支出地区配置模式。

第四步：采用重叠系数，比较实际公共支出地区配置模式与最优模式的差异，从分省层面对地方公共服务供给非均等程度进行评估。

6.1　分组：层次聚类分析方法的应用

机会平等的内涵要求，对付出相同努力程度的个体同等对待，对努力程度不同的个体区别对待。第 3 章对公共服务供给配置效率进行测度，第 4 章对公共服务供给生产效率进行测度，这两个效率指标是地方政府公共服务供给努力程度的有效衡量指标。如果一个地方政府能够以尽可能低的投入生产满足辖区居民需求偏好的公共服务产出，则显然该政府为供给合意的公共服务付出了较大的努力。问题在于，如何根据这两维公共服务效率指标判断哪些地方政府付出了相同的努力，哪些地方政府的努力程度不同？

Roemer（1998）和 Roemer 等（2003）将家户收入分成 100 分位，界定处于同一分位的家户具有相同的相对努力程度。这一方法适用的情形是：①样本量很大；②努力变量不可观测；③努力变量是一维的。Hild 和 Voorhoeve（2001）对 Roemer 的做法已经提出过批评。在本书中，由于样本个数有限（省级政府），努力变量可测且是二维的，因此 Roemer 取相对分位的做法并不适用。

众所周知，层次聚类分析方法是识别同质群组的有效方法。本书拟采用层次聚类分析方法（也称合成聚类），利用二维的公共服务供给努力变量，将地方政府划分为不同的努力群组，群组内部的努力程度是同质的，定义处于同一努力群组的地方政府付出了相同的公共服务供给努力程度，不同群组的地方政府付出的公共服务供给努力程度不同。对于处在同一努力群组内部的地方政府而言，由于付出的公共服务供给努力程度是一样的，其公共支出的差异源于地方政府面临的外部环境的不同，由此可以定义努力群组内部的不平等为公共服务供给的机会不平等。

层次聚类分析的基本原理是：首先，将每个对象视为独立的类别；其次，根据相似性对这些类别进行合并，具有最小距离的类别被合并形成新的类别；再次，根据相似性，合并后形成的类别与其他类别再进行更高层级的合并；最后，连续进行合并直至所有对象被合并为一个类别为止。合并的依据是类别间在公共服务配置效率和生产效率得分方面的（不）相似性，即类别间的距离。聚类应使处于同一类型的个体尽可能相似，而处于不同类型的个体尽可能不同。本书利用两点间的欧几里得距离来衡量类别间的不相似程度。如果在配置效率（ θ^{ae} ）和生产效率（ θ^{pe} ）得分二维空间上存在两点 A 和 B，则 A 和 B 之间的欧几里得距离为

$$d_{\text{欧几里得}}(A,B)=\sqrt{(\theta_A^{\text{pe}}-\theta_B^{\text{pe}})^2+(\theta_A^{\text{ae}}-\theta_B^{\text{ae}})^2} \tag{6-1}$$

在选择距离或相似性测度指标后，还需要选择聚类算法，本书选择几何中心算法（centroid method）。基于这一方法，两个类别之间的距离就等于两个类别几何中心的欧几里得距离（图 6-1）。

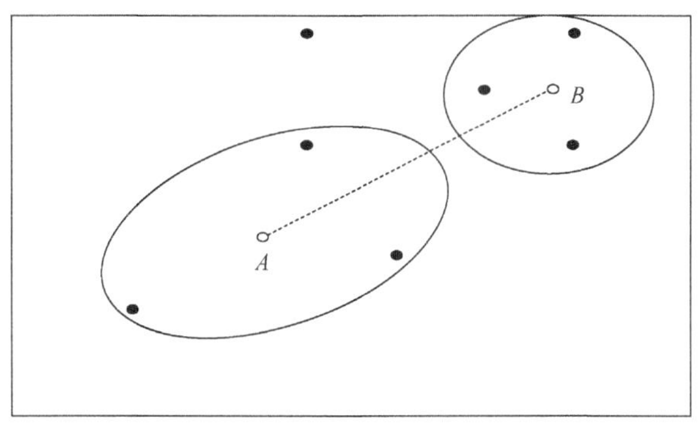

图 6-1　两个类别几何中心的欧几里得距离

还需要确定聚类的个数，即确定将样本划分为几个类别。样本类别个数的确定需要综合考虑多个因素。就本书的研究背景而言，首先，由于样本规模不大，故类别的个数不宜太多，否则会导致每个类别内部样本数量过少，从而影响分析的可靠性和准确性。其次，聚类个数的选择还应尽可能避免出现一个类别仅包含一个样本的情况，因为测度机会不平等程度需要计算每个类别内部的不平等指数，如果类别内部只有一个样本的话，就无法进行这一计算。再次，本书需要计算并比较不同年份的机会不平等程度，因此聚类数在年度间应该保持一致，否则计算

的结果在年度间就不可比。最后，Caliński 和 Harabasz（1974）开发了一个有效的准则可用于确定聚类数，即方差比率准则（variance ratio criterion，VRC）。计算公式为

$$\mathrm{VRC}_k=(\mathrm{SS}_B/(k-1))/(\mathrm{SS}_W/(n-k))$$

其中，n 是样本个数；k 是类别个数；SS_B 是类别间方差的加总；SS_W 是类别内部方差的加总。这一准则类似于单因素 ANOVA 分析中的 F 值。对每种分类 k，计算 ω_k：

$$\omega_k=(\mathrm{VRC}_{k+1}-\mathrm{VRC}_k)-(\mathrm{VRC}_k-\mathrm{VRC}_{k-1})-2\,\mathrm{VRC}_k$$

根据不同分类下 ω_k 的值，我们选择使 ω_k 取值最小的 k 为合意的聚类个数。在实证计算过程中，我们以 VRC 准则为基准，综合考虑前述三个条件，确定最佳的聚类个数为 5。

图 6-2 和图 6-3 分别汇报了 2002～2010 年各省区市义务教育服务和医疗卫生服务层次聚类分析的结果。

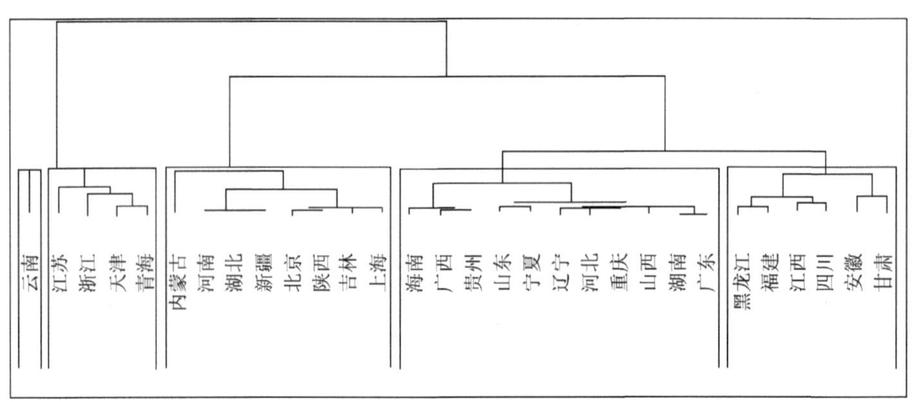

(a) 2002年义务教育服务层次聚类分析结果

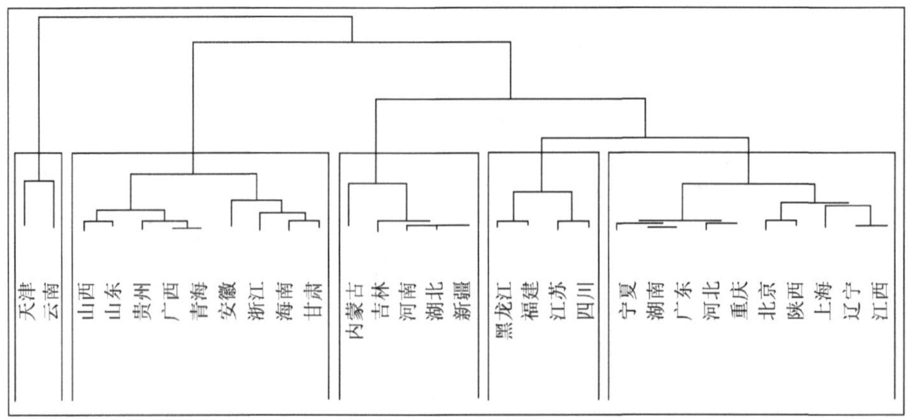

(b) 2003年义务教育服务层次聚类分析结果

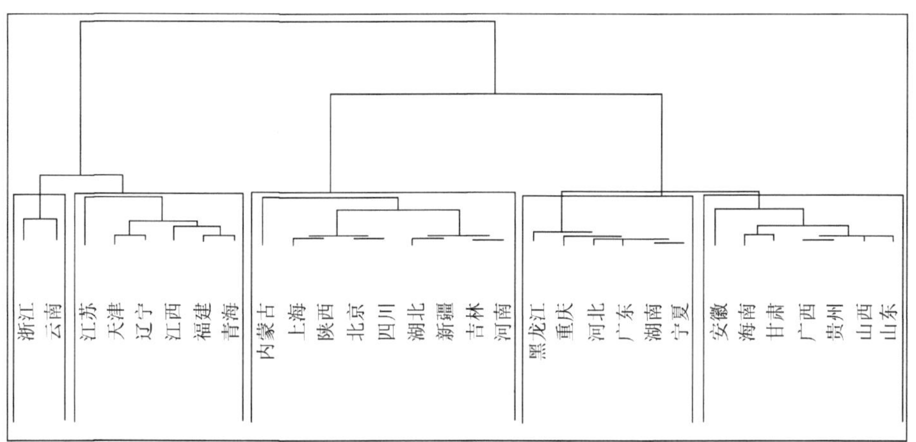

(c) 2004年义务教育服务层次聚类分析结果

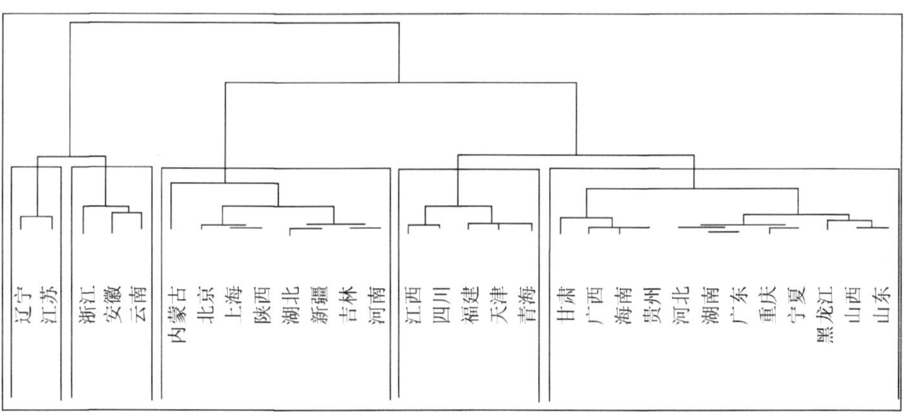

(d) 2005年义务教育服务层次聚类分析结果

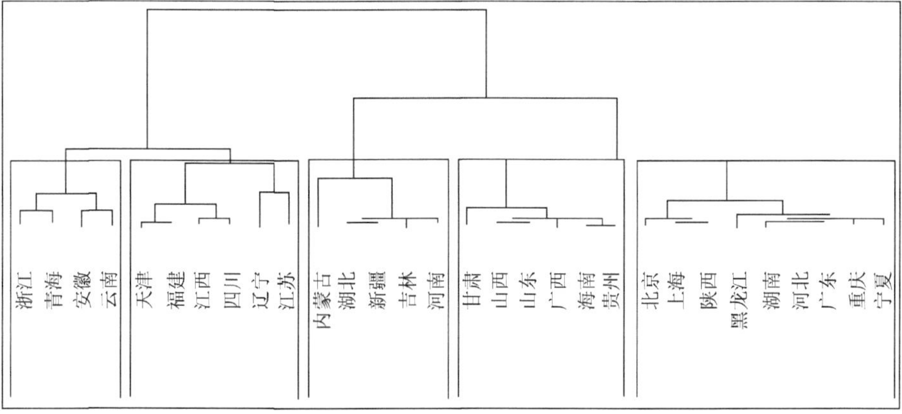

(e) 2006年义务教育服务层次聚类分析结果

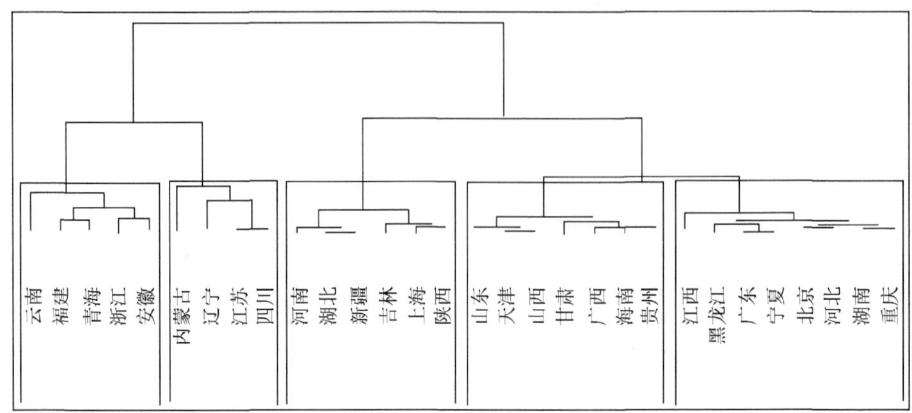

(f) 2007年义务教育服务层次聚类分析结果

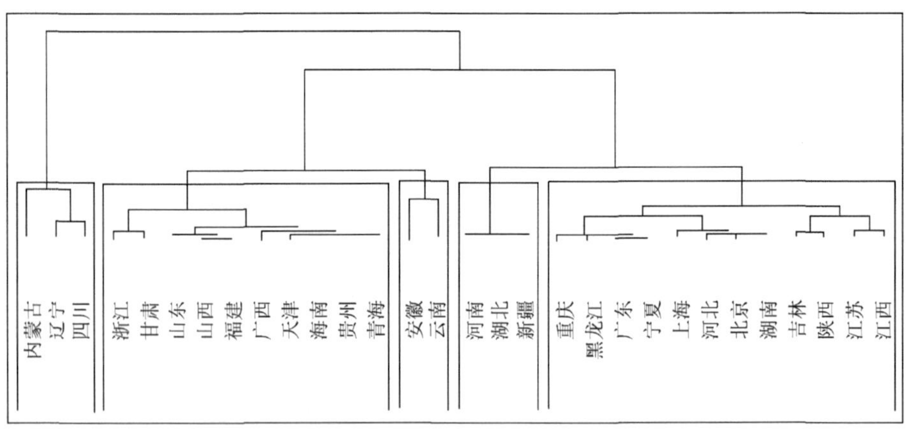

(g) 2008年义务教育服务层次聚类分析结果

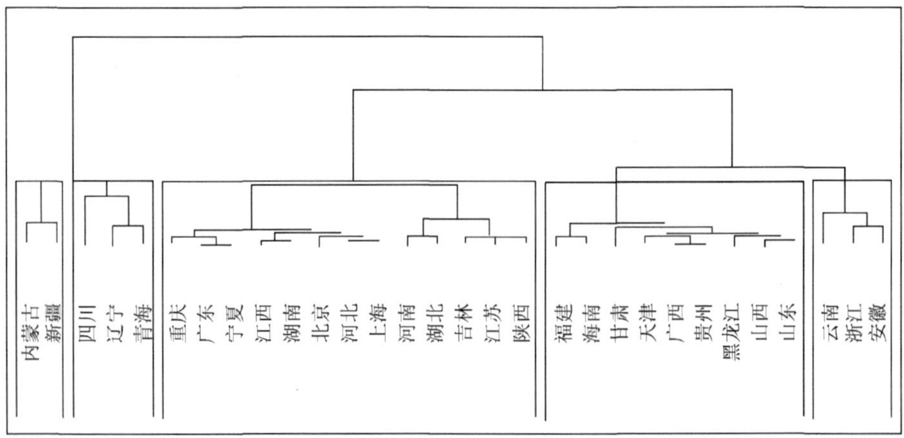

(h) 2009年义务教育服务层次聚类分析结果

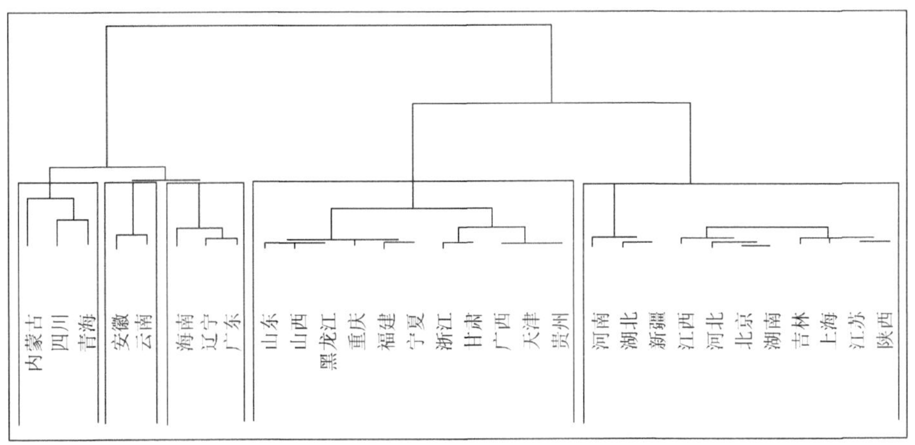

(i) 2010年义务教育服务层次聚类分析结果

图6-2　2002～2010年义务教育服务层次聚类分析结果

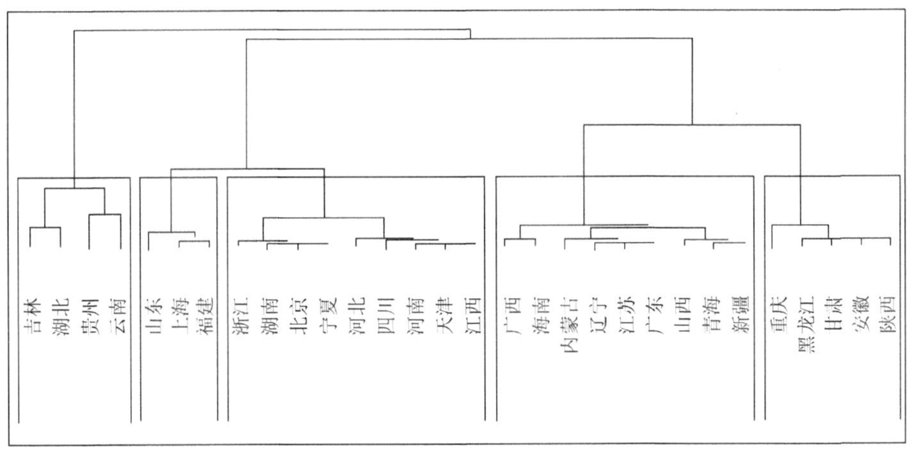

(a) 2002年医疗卫生服务层次聚类分析结果

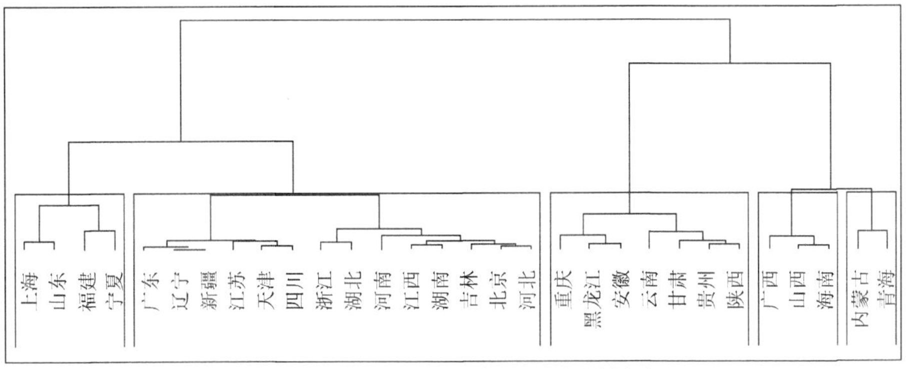

(b) 2003年医疗卫生服务层次聚类分析结果

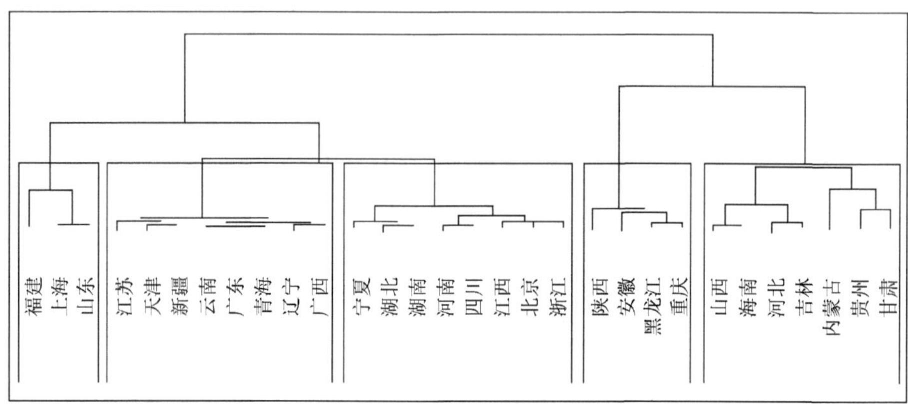

(c) 2004年医疗卫生服务层次聚类分析结果

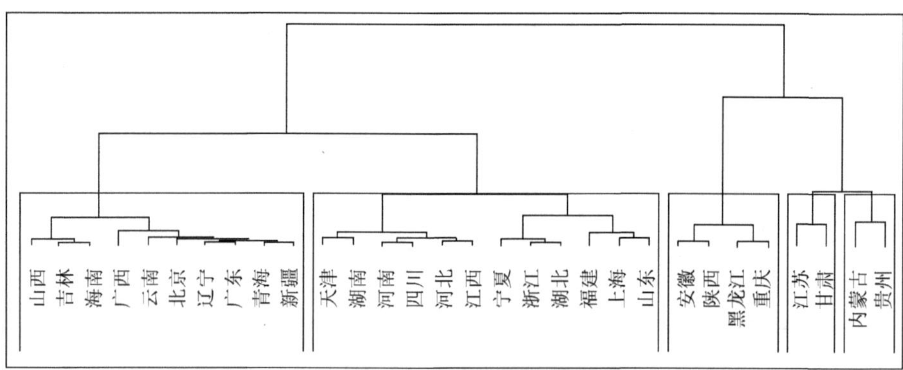

(d) 2005年医疗卫生服务层次聚类分析结果

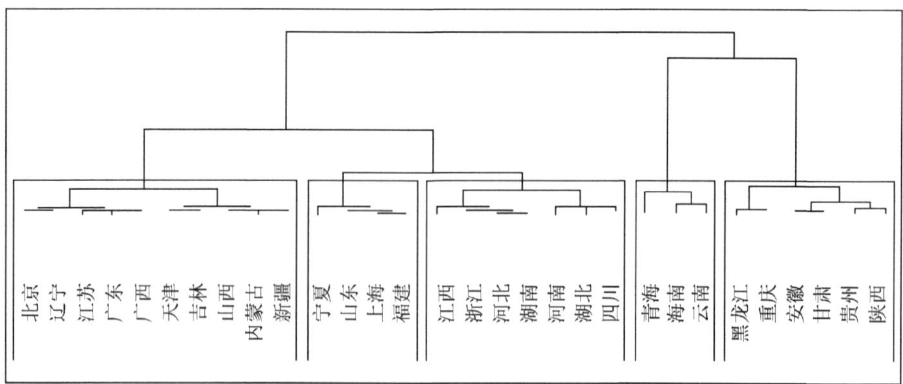

(e) 2006年医疗卫生服务层次聚类分析结果

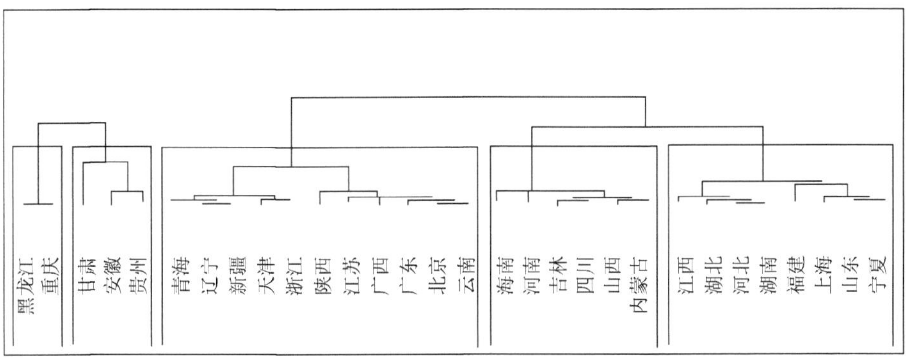

(f) 2007年医疗卫生服务层次聚类分析结果

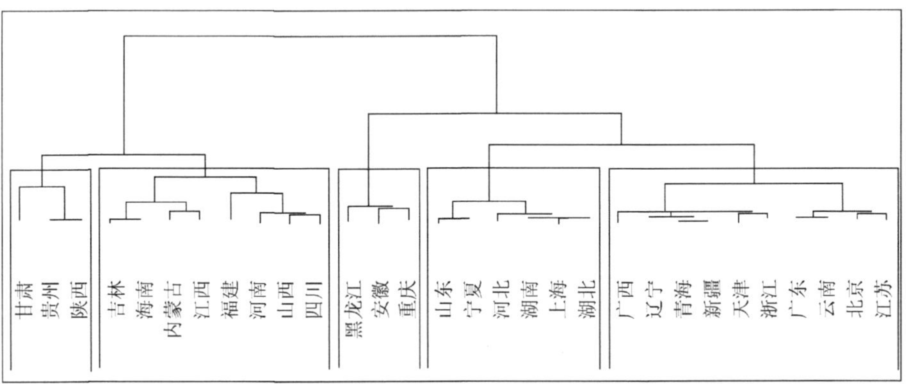

(g) 2008年医疗卫生服务层次聚类分析结果

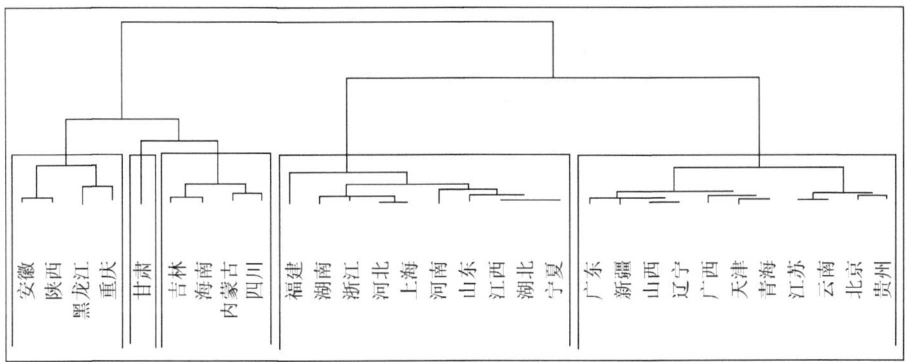

(h) 2009年医疗卫生服务层次聚类分析结果

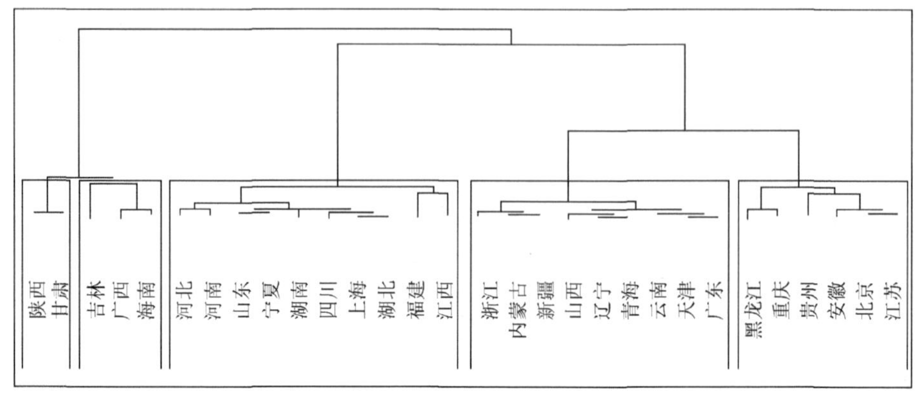

(i) 2010年医疗卫生服务层次聚类分析结果

图 6-3　2002～2010 年医疗卫生服务层次聚类分析结果

（1）按公共服务供给努力程度对各省区市进行层次聚类分析得到的分组结果，与东、中、西部的分组结果并不一致。发达地区（东部）和欠发达地区（中西部）内部各省区市公共服务供给努力程度可能并不相同，而来自不同地理区域的省区也有可能具有相同的公共服务供给努力水平。

（2）义务教育服务年度间分组结果存在明显的差异，而医疗卫生服务年度间分组结果具有一定的延续性，如部分省市（上海、山东和福建；黑龙江、安徽和重庆）在样本期间基本上都处于同一组。

（3）少数年份存在某一群组只包含一个省区的情况，如 2002 年义务教育服务（云南省）和 2009 年医疗卫生服务（甘肃省）。在后文的分析中，由于群组内部只有一个对象，无法计算组内不平等指数，故设定这两个群组的组内不平等为 0。

6.2　测度：泰尔第一指数的应用

根据聚类分析的结果，属于同一群组的省区市在公共服务的配置效率和生产效率方面具有相同或类似的得分，我们界定属于同一群组内的省区市付出了相同的公共服务供给努力程度。根据机会平等的要求，付出相同努力的地方政府应该生产和供给相同水平的公共服务，因此，如果同一群组内不同地区地方政府供给的公共服务仍然存在差异，则这一公共服务的非均衡供给应归因于地方政府所处外部环境的差异。由此可以利用组内公共服务产出的不平等程度来衡量由外部环境导致的公共服务供给的机会不平等程度，但问题在于，公共服务的产出指标是多维的，多维不平等难以测度也难以解释。例如，如果衡量义务教育服务的某一指标组内不平等程度较高，另一个指标组内不平等程度却较低，则无法判断义务教育服务的机会不平等程度到底是高还是低。根据公共经济学原理，公共服务与私人产品的区别主要在于消费特征的不同，二者在生产方面是类似的，并不存在显著区别，因此公共服务的生产函数也是其投入的单调递增函数，从而可以判定公共产出的不平等程度与公共投入的不平等程度是一致的。基于此，我们致力于测度组内公共投入的分布不平等程度。

为此，我们需要选择一个合意的不平等测度指标。既有研究表明，合意的不平等测度指标必须满足四个标准（Calo-Blanco and García-Pérez，2014）：①对称性（改变个体在结果分布中的位置，不会改变不平等指标的取值）；②总体可复制性（给定总体的结果增长一倍，不会改变不平等指数的取值）；③庇古-道尔顿转移原则（均值不变的前提下，累进式的转移支付应该降低不平等）；④零阶齐次性（所有个体的结果乘以一个正数，不会改变不平等指数的取值）。Shorrocks（1984）指出，任何常规的、平滑可微的不平等指数，如果是加性可分解的，则都是如下广义熵指数簇的成员：

$$\mathrm{GE}(\theta)=\begin{cases}\dfrac{1}{n\theta(\theta-1)}\displaystyle\sum_{i=1}^{n}\left[\left(\frac{x_i}{\mu(x)}\right)^{\theta}-1\right], & \text{如果}\theta\neq\{0,1\}\\ \dfrac{1}{n}\displaystyle\sum_{i=1}^{n}\frac{x_i}{\mu(x)}\ln\left(\frac{x_i}{\mu(x)}\right), & \text{如果}\theta=1\\ \dfrac{1}{n}\displaystyle\sum_{i=1}^{n}\ln\left(\frac{\mu(x)}{x_i}\right), & \text{如果}\theta=0\end{cases}$$

如果需要按组间对不平等指数进行准确和完整的分解，则只有当 $\theta=1$ 和 $\theta=0$ 时的 $\mathrm{GE}(\theta)$ 才是合意的。前者称为泰尔第一指数，后者称为泰尔第二指数。我们选择泰尔第一指数作为测度组内不平等的指标（事实上，两个指数测度结果的差异非常小）。

根据式（2-6），第 j 组第 i 个地方政府的公共投入是其环境的函数即

$$I_i^j=\phi(c_i^j),\quad i=1,2,\cdots,n_j;\ j=1,2,\cdots,J$$

测算第 j 组公共投入的组内不平等程度（泰尔第一指数）：

$$\mathrm{TH}_j=\frac{1}{n_j}\sum_{i=1}^{n_j}\left[\left(\frac{I_i^j}{\mu_j}\right)\cdot\ln\left(\frac{I_i^j}{\mu_j}\right)\right]$$

其中，I_i^j 是第 j 组第 i 个地区的人均财政支出（公共投入）；μ_j 是第 j 组各地区人均财政支出的平均值。进一步，对所有群组的泰尔第一指数求取平均值，得到

$$\mathrm{TH}_{\mathrm{op}}^{z}=\frac{1}{J}\left(\sum_{j=1}^{J}\frac{1}{n_j}\sum_{i=1}^{n_j}\left[\left(\frac{I_i^j}{\mu_j}\right)\cdot\ln\left(\frac{I_i^j}{\mu_j}\right)\right]\right)$$

$\mathrm{TH}_{\mathrm{op}}^{z}$ 衡量了地方政府公共投入分布的整体机会不平等程度。表 6-1 和表 6-2 分别汇报了义务教育服务和医疗卫生服务供给机会不平等的泰尔第一指数测度结

果。其中，原始数据是各省区市历年的人均义务教育公共支出和医疗卫生公共支出。义务教育公共支出来源于《中国教育经费统计年鉴》；医疗卫生公共支出来源于《中国卫生统计年鉴》；人口数据来源于《中国统计年鉴》。

表 6-1　义务教育服务供给机会不平等的泰尔第一指数测度结果

年份	总不平等	机会不平等（组内不平等）	纯结果不平等（组间不平等）	机会不平等/总不平等	纯结果不平等/总不平等
2002	0.0603	0.0329	0.0274	54.56%	45.44%
2003	0.0648	0.0413	0.0235	63.73%	36.27%
2004	0.0681	0.0457	0.0224	67.11%	32.89%
2005	0.0583	0.0455	0.0128	78.04%	21.96%
2006	0.0525	0.0386	0.0139	73.52%	26.48%
2007	0.0427	0.0367	0.0060	85.95%	14.05%
2008	0.0355	0.0266	0.0089	74.93%	25.07%
2009	0.0329	0.0232	0.0097	70.52%	29.48%
2010	0.0318	0.0220	0.0098	69.18%	30.82%
均值	0.0497	0.0347	0.0149	70.84%	29.16%

表 6-2　医疗卫生服务供给机会不平等的泰尔第一指数测度结果

年份	总不平等	机会不平等（组内不平等）	纯结果不平等（组间不平等）	机会不平等/总不平等	纯结果不平等/总不平等
2002	0.2321	0.1458	0.0862	62.82%	37.14%
2003	0.2377	0.1158	0.1219	48.72%	51.28%
2004	0.2440	0.1592	0.0848	65.25%	34.75%
2005	0.2180	0.0996	0.1183	45.69%	54.27%
2006	0.2086	0.1163	0.0923	55.75%	44.25%
2007	0.1665	0.0797	0.0868	47.87%	52.13%
2008	0.1304	0.0827	0.0476	63.42%	36.50%
2009	0.0754	0.0402	0.0352	53.32%	46.68%
2010	0.0552	0.0407	0.0144	73.73%	26.09%
均值	0.1742	0.0978	0.0764	57.40%	42.57%

从表 6-1 和表 6-2 中的总不平等值可以看到，样本期间义务教育服务的地区非均衡程度远小于医疗卫生服务，平均来看，义务教育支出地区差异的泰尔第一指数值只有 0.0497，而医疗卫生支出的泰尔第一指数值为 0.1742。另外，两类公共服务机会不平等的程度也存在明显不同，义务教育服务的总不平等虽然较小，但其不平等主要源于机会不平等，样本期间机会不平等的比重平均达到了 70%左右；而医疗卫生服务的总不平等程度虽然较高，但环境差异和努力差异导致的不

平等程度却大致相当（机会不平等平均达到 57%左右）。导致二者差异显著的原因可能是：《义务教育法》通过立法的形式确定了义务教育服务的供给标准，对地方政府的供给责任、经费标准、服务水平等做出了硬性规定①，义务教育服务供给成为地方政府的主要职责，特别在县级政府，地方预算支出的 20%～30%都用于教育事业。在一系列法律和中央政府条例的硬性约束下，地方政府在提供义务教育服务时努力程度相对较高，因此地方义务教育服务不均衡程度较小且主要源于地方政府外部供给环境的差异。

6.3　优化：非线性规划技术的应用

如第 2 章所示，构建如下非线性最优化问题：

$$\mathrm{TH}_{\mathrm{op}}^{*}=\underset{\{X\}}{\arg\min}\left\{\frac{1}{J}\left(\sum_{j=1}^{J}\frac{1}{n_j}\sum_{i=1}^{n_j}\left[\left(\frac{X_i^j}{\mu_j}\right)\cdot\ln\left(\frac{X_i^j}{\mu_j}\right)\right]\right)\right\}$$

约束条件为

$$\sum_{i=1}^{n_j}\mathrm{pop}_i^j X_i^j=B^j$$

$$X_i^j\geqslant\kappa_i^j,\quad j=1,2,\cdots,J$$

其中，$\mathrm{TH}_{\mathrm{op}}^{*}$是最优（低）机会不平等值；$\mathrm{pop}_i^j$是第 j 组第 i 个地区的人口规模；B^j 是第 j 组各地区财政支出的总额；κ_i^j 是第 j 组第 i 个地区的人均生计财政支出。$\sum_{i=1}^{n_j}\mathrm{pop}_i^j X_i^j=B^j$ 中的财政支出分别为义务教育预算支出（教育经费）和医疗卫生预算支出（卫生经费），可以测算出实现机会不平等最小化的教育经费和卫生经费的地区最优配置模式。

图 6-4 和图 6-5 分别汇报了在满足分组预算平衡约束和基本保障约束条件下，通过重新配置各地区的义务教育预算支出和医疗卫生预算支出，能够实现的最小机会不平等程度，以及现有预算支出地区实际分配的机会不平等的降低空间。例如，2002 年医疗卫生服务人均预算支出地区配置的机会不平等程度为 0.1458，通过对地区间医疗卫生公共投入的再分配，可以将机会不平等程度最低降为 0.0307，因此机会不平等的降低空间为 78.94%（[(0.1458–0.0307)/0.1458] ≈ 0.7894）。

① 例如，《义务教育法》第三十一条规定：教师的平均工资水平应当不低于当地公务员的平均工资水平；第四十二条规定：国务院和地方各级人民政府用于实施义务教育财政拨款的增长比例应当高于财政经常性收入的增长比例，保证按照在校学生人数平均的义务教育费用逐步增长，保证教职工工资和学生人均公用经费逐步增长；第四十三条规定：省、自治区、直辖市人民政府可以根据本行政区域的实际情况，制定不低于国家标准的学校学生人均公用经费标准；等等。

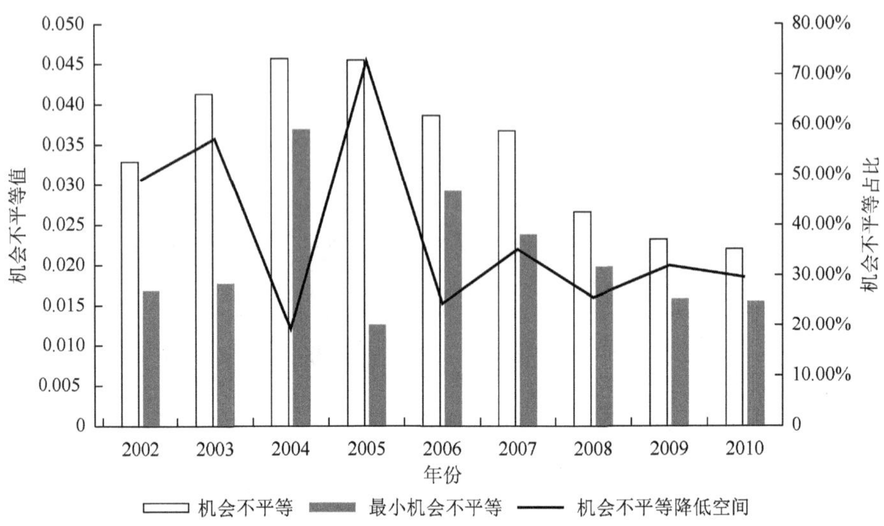

图 6-4 义务教育投入实现最小机会不平等目标的比例

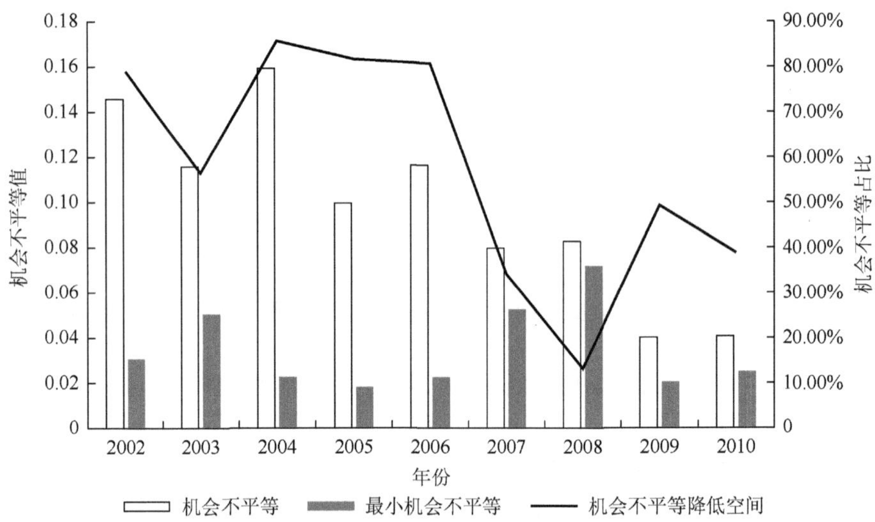

图 6-5 医疗卫生投入实现最小机会不平等目标的比例

需要说明的是，按照第 1 章的设定，机会不平等实际上是同一努力群组内部不同地区间人均公共支出的非均衡程度。通过再分配降低组内公共支出的地区不平等程度，其本质仍然是将组内人均公共支出较高地区的资金转移给人均公共支出较低的地区。在组内实施这一“劫富济贫”式的再分配，只有在式（6-2）成立的前提下，才符合公平正义的要求：

$$\frac{\partial I_i^j}{c_i^j} > 0 \tag{6-2}$$

其中，I_i^j 是第 j 组第 i 个地区的人均财政支出；c_i^j 是第 j 组第 i 个地区公共服务供给环境。式（6-2）的含义是，公共服务供给环境越好的地区，公共投入或公共支出的规模反而越大。根据尼斯坎南的官僚理论，官员在提供公共服务时致力于追求预算规模最大化。因此，供给环境好的地区，官员并没有激励去节约成本，缩小预算规模；相反，对供给环境好的地区而言，从公共服务供给中节省下来的资金可用于提供更多的公共服务，因此其公共支出规模可能更大。由于公共服务的供给环境难以衡量，因此我们采用一个间接的方法，对式（6-2）进行检验。

其基本思路如下：第一，以人均公共支出作为被解释变量，公共服务努力程度（公共服务生产效率得分和配置效率得分）作为解释变量，同时采用麦夸特法（Levenberg-Marquardt）和通用全局优化算法，自动搜索与数据最匹配的公式，得到被解释变量的拟合值。第二，被解释变量的拟合值是公共服务努力程度的函数，因此，拟合值与实际值的偏差可以视为努力程度以外其他因素对被解释变量的影响。根据前文的设定，我们将努力程度之外的其他因素都视为环境，因此这一偏差可以界定为环境的影响。第三，计算环境变量与公共支出实际值的相关性，如果相关性大于 0 且统计显著，则判断上面的式（6-2）成立。

表 6-3 列示了上述检验的结果，同时列示了拟合出得到的函数①，以及外部环境变量与公共支出的相关性。可以看到，历年两种公共服务外部供给环境与人均公共支出的相关性都为正，特别在剔除了三个直辖市之后，环境与公共支出存在高度相关性。由此表明，义务教育服务和医疗卫生服务供给环境越好的地区，相应的人均教育经费和卫生经费支出也越高，通过再分配将环境良好地区的财政资源转移给环境不利地区，可以降低公共服务供给的机会不平等程度。

表 6-3　外部环境与公共支出的相关性

年份	医疗卫生服务			义务教育服务		
	拟合函数	相关系数		拟合函数	相关系数	
		全样本	剔除直辖市		全样本	剔除直辖市
2002	$z=(p_1+p_2\times\text{Ln}(x)+p_3\times(\text{Ln}(x))^2+p_4\times\text{Ln}(y)+p_5\times(\text{Ln}(y))^2)/(1+p_6\times\text{Ln}(x)+p_7\times(\text{Ln}(x))^2+p_8\times\text{Ln}(y)+p_9\times(\text{Ln}(y))^2+p_{10}\times(\text{Ln}(y))^3)$	0.330*	0.904***	$z=(p_1+p_2\times\text{Ln}(x)+p_3\times(\text{Ln}(x))^2+p_4\times\text{Ln}(y)+p_5\times(\text{Ln}(y))^2)/(1+p_6\times\text{Ln}(x)+p_7\times(\text{Ln}(x))^2+p_8\times(\text{Ln}(x))^3+p_9\times\text{Ln}(y))$	0.686***	0.947***
2003	$z=(p_1+p_2\times\text{Ln}(x)+p_3\times(\text{Ln}(x))^2+p_4\times(\text{Ln}(x))^3+p_5\times\text{Ln}(y)+p_6\times(\text{Ln}(y))^2)/(1+p_7\times\text{Ln}(x)+p_8\times\text{Ln}(y)+p_9\times(\text{Ln}(y))^2+p_{10}\times(\text{Ln}(y))^3)$	0.394**	0.869***	$z=(p_1+p_2\times\text{Ln}(x)+p_3\times(\text{Ln}(x))^2+p_4\times\text{Ln}(y)+p_5\times(\text{Ln}(y))^2+p_6\times(\text{Ln}(y))^3)/(1+p_7\times\text{Ln}(x)+p_8\times\text{Ln}(y)+p_9\times(\text{Ln}(y))^2)$	0.708***	0.798***

① 限于篇幅，表 6-3 中没有列示拟合函数的参数估计结果，仅以 p_i（$i=1,2,\cdots,N$）来表示，如有需要可向作者索要。

续表

年份	医疗卫生服务			义务教育服务		
	拟合函数	相关系数		拟合函数	相关系数	
		全样本	剔除直辖市		全样本	剔除直辖市
2004	$z=p_1+p_2\times\exp(-0.5\times((x-p_3)/p_4)^2)+p_5\times\exp(-0.5\times((y-p_6)/p_7)^2)+p_8\times\exp(-0.5\times(((x-p_3)/p_4)^2+((y-p_6)/p_7)^2))$	0.427**	0.431**	$z=p_1+p_2\times\exp(-0.5\times(((x-p_3)/p_4)^2+((y-p_5)/p_6)^2))$	0.609***	0.870***
2005	$z=(p_1+p_3\times x+p_5\times y+p_7\times x^2+p_9\times y^2+p_{11}\times x\times y)/(1+p_2\times x+p_4\times y+p_6\times x^2+p_8\times y^2+p_{10}\times x\times y)$	0.416**	0.972***	$z=p_1+p_2/(1+((x-p_3)/p_4)^2)+p_5/(1+((y-p_6)/p_7)^2)+p_8/((1+((x-p_3)/p_4)^2)\times(1+((y-p_6)/p_7)^2))$	0.756***	0.895***
2006	$z=p_1+p_2\times\exp(-0.5\times((x-p_3)/p_4)^2)+p_5\times\exp(-0.5\times((y-p_6)/p_7)^2)+p_8\times\exp(-0.5\times(((x-p_3)/p_4)^2+((y-p_6)/p_7)^2))$	0.622***	0.772***	$z=(p_1+p_2\times\mathrm{Ln}(x)+p_3\times(\mathrm{Ln}(x))^2+p_4\times\mathrm{Ln}(y)+p_5\times(\mathrm{Ln}(y))^2+p_6\times(\mathrm{Ln}(y))^3)/(1+p_7\times\mathrm{Ln}(x)+p_8\times(\mathrm{Ln}(x))^2+p_9\times\mathrm{Ln}(y)+p_{10}\times(\mathrm{Ln}(y))^2+p_{11}\times(\mathrm{Ln}(y))^3)$	0.560***	0.873***
2007	$z=(p_1+p_2\times\mathrm{Ln}(x)+p_3\times(\mathrm{Ln}(x))^2+p_4\times\mathrm{Ln}(y)+p_5\times(\mathrm{Ln}(y))^2+p_6\times(\mathrm{Ln}(y))^3)/(1+p_7\times\mathrm{Ln}(x)+p_8\times\mathrm{Ln}(y)+p_9\times(\mathrm{Ln}(y))^2)$	0.592***	0.855***	$z=p_1+p_2\times\exp(-0.5\times((x-p_3)/p_4)^2)+p_5\times\exp(-0.5\times((y-p_6)/p_7)^2)+p_8\times\exp(-0.5\times(((x-\mathrm{p}_3)/p_4)^2+((y-p_6)/p_7)^2))$	0.627***	0.951***
2008	$z=(p_1+p_2\times\mathrm{Ln}(x)+p_3\times(\mathrm{Ln}(x))^2+p_4\times(\mathrm{Ln}(x))^3+p_5\times\mathrm{Ln}(y)+p_6\times(\mathrm{Ln}(y))^2)/(1+p_7\times\mathrm{Ln}(x)+p_8\times(\mathrm{Ln}(x))^2+p_9\times\mathrm{Ln}(y)+p_{10}\times(\mathrm{Ln}(y))^2)$	0.409***	0.984***	$z=p_1+p_2\times\exp(-0.5\times(((x-p_3)/p_4)^2+((y-p_5)/p_6)^2))$	0.656***	0.863***
2009	$z=p_1+p_2/(1+((x-p_3)/p_4)^2)+p_5/(1+((y-p_6)/p_7)^2)+p_8/((1+((x-p_3)/p_4)^2)\times(1+((y-p_6)/p_7)^2))$	0.653***	0.926***	$z=(p_1+p_2\times x+p_3\times x^2+p_4\times y+p_5\times y^2+p_6\times y^3)/(1+p_7\times x+p_8\times y)$	0.791***	0.825***
2010	$z=(p_1+p_2\times\mathrm{Ln}(x)+p_3\times(\mathrm{Ln}(x))^2+p_4\times y+p_5\times y^2)/(1+p_6\times\mathrm{Ln}(x)+p_7\times(\mathrm{Ln}(x))^2+p^8\times(\mathrm{Ln}(x))^3+p_9\times y)$	0.610***	0.971***	$z=p_1+p_2\times y+p_3\times y^2+p_4\times\exp(-0.5\times((x-p_5)/p_6)^2)$	0.772***	0.854***

*、**和***分别表示在 10%、5%和 1%的统计水平上显著

6.4 评估：分省结果的比较

根据上文的分析，通过对群组内不同省区市间的再分配，可以实现预算约束下机会不平等最小化的目标，并计算出实现这一最小化目标的地区公共支出的最优配置模式。如果能够实现这一地区配置，则意味着在机会平等的概念下能够实现公共服务的区域间均衡供给。通过比较地区公共支出的实际配置模式与实现最优的理想配置模式的差异，可以对各个省区市公共服务供给的均衡程度进行评估。表 6-4 和表 6-5 汇报了义务教育服务和医疗卫生服务实际预算支出与实现机会平等目标的理想支出的比值。当某地区这一比值大于 1 时，则意味着该地区实际安排的预算支出超过了实现机会平等需要的支出，公共服务过度供给；反之，当某地区这一比值小于 1 时，则表明该地区实际安排的预算支出小于实现机会平等目标所需要的支出，公共服务供给不足。

表 6-4　人均义务教育经费实际值与机会平等最优值的比值

地区	省区市	2002 年	2003 年	2004 年	2005 年	2006 年	2007 年	2008 年	2009 年	2010 年	年度均值
东部地区	北京	1.997	2.318	1.971	2.046	2.264	2.952	2.781	2.150	1.931	2.268
	天津	1.272	1.346	1.337	1.694	1.490	1.834	2.334	1.963	1.351	1.625
	河北	0.662	0.720	0.631	0.752	0.741	0.639	0.616	0.933	0.731	0.714
	辽宁	0.823	0.924	0.752	1.039	1.031	1.371	1.106	0.681	0.764	0.943
	上海	2.959	2.523	2.884	3.633	3.970	2.793	3.893	1.807	3.108	3.063
	江苏	1.042	1.225	1.038	0.983	1.128	1.077	1.165	1.230	1.504	1.155
	浙江	0.906	1.665	0.927	1.491	1.216	1.262	1.641	1.097	1.610	1.313
	山东	1.039	0.899	1.010	0.948	0.995	1.039	0.673	0.815	1.042	0.940
	福建	1.159	0.907	1.086	1.462	0.939	1.209	1.588	1.288	1.022	1.184
	广东	1.532	1.437	1.334	1.230	1.105	1.142	1.054	1.583	1.088	1.278
	海南	0.934	1.023	0.868	1.459	0.731	0.883	1.568	1.201	1.505	1.130
中部地区	山西	0.894	0.705	1.057	0.961	0.885	0.840	0.994	1.074	0.761	0.908
	吉林	0.756	0.950	1.210	1.008	1.188	0.823	0.813	0.807	0.807	0.929
	黑龙江	0.989	0.990	0.748	1.019	1.020	1.073	0.985	1.043	0.704	0.952
	安徽	0.814	0.786	0.842	0.651	0.858	0.663	0.830	0.514	0.915	0.764
	江西	0.909	0.781	1.089	0.772	0.994	0.750	0.816	0.999	0.696	0.867
	河南	0.912	1.115	0.711	0.846	0.997	0.913	0.834	0.729	1.053	0.901
	湖北	0.795	0.720	0.846	0.703	0.84	0.770	1.088	0.699	0.684	0.794
	湖南	0.931	0.600	1.101	1.079	0.796	0.959	0.893	0.856	1.134	0.928
西部地区	内蒙古	0.821	1.458	1.389	0.827	1.196	1.256	1.311	0.833	1.327	1.158
	广西	1.170	1.308	1.250	0.761	1.437	1.177	0.838	0.993	0.957	1.099
	重庆	0.712	1.121	1.263	1.349	0.746	1.075	0.968	0.627	0.983	0.983
	四川	1.220	0.840	0.894	0.845	0.821	0.749	0.879	1.263	1.122	0.959
	贵州	1.000	0.814	1.075	1.207	0.797	0.777	0.752	1.085	0.745	0.917
	云南	1.000	0.917	1.168	0.922	0.896	1.079	1.345	0.861	1.112	1.033
	陕西	0.682	0.615	0.789	0.716	0.625	1.017	0.805	0.896	0.628	0.753
	甘肃	0.885	0.921	0.934	0.715	1.196	1.072	0.893	0.710	1.058	0.932
	青海	1.133	1.259	1.188	1.529	0.827	0.872	1.882	1.364	1.619	1.297
	宁夏	0.825	0.894	1.068	1.092	0.770	1.086	1.429	0.998	0.869	1.003
	新疆	1.341	1.169	0.872	0.999	1.006	1.071	1.496	1.221	1.190	1.152
省区市均值		1.070	1.098	1.111	1.158	1.117	1.141	1.276	1.077	1.134	—

表 6-5　人均医疗卫生经费实际值与机会平等最优值的比值

地区	省区市	2002 年	2003 年	2004 年	2005 年	2006 年	2007 年	2008 年	2009 年	2010 年	年度均值
东部地区	北京	5.162	4.671	3.832	3.457	3.323	4.388	3.000	3.321	2.890	3.783
	天津	2.251	2.125	1.832	2.413	1.745	2.158	1.796	1.769	2.444	2.059
	河北	0.748	1.059	1.148	0.654	1.042	0.691	0.674	0.646	0.911	0.841
	辽宁	1.391	1.121	1.036	1.322	1.074	1.194	1.025	1.103	1.800	1.230
	上海	4.353	3.034	2.613	4.526	2.859	3.398	4.076	2.530	3.158	3.394
	江苏	0.847	0.889	0.902	1.039	0.811	0.694	0.794	0.860	0.830	0.852
	浙江	2.036	1.638	1.796	2.258	2.075	1.226	1.199	1.336	1.165	1.637
	山东	0.541	0.573	0.564	0.815	0.611	0.834	0.848	0.765	0.944	0.722
	福建	1.373	1.278	1.449	1.798	1.318	1.745	1.672	2.774	1.749	1.684
	广东	1.079	1.373	1.011	0.702	0.860	0.711	0.684	0.754	0.737	0.879
	海南	1.780	1.382	1.425	1.202	1.161	1.921	1.925	1.312	1.353	1.496
中部地区	山西	0.791	1.103	0.981	0.673	0.788	0.899	1.090	0.912	0.696	0.881
	吉林	1.156	1.068	1.133	0.640	0.979	1.286	0.983	1.345	0.853	1.049
	黑龙江	1.195	1.196	1.200	1.000	0.929	0.924	0.907	1.042	0.713	1.012
	安徽	0.629	0.710	0.913	1.049	0.787	0.921	1.001	0.886	0.867	0.863
	江西	0.529	0.750	0.615	0.761	0.834	0.989	0.690	0.686	0.946	0.756
	河南	0.510	0.434	0.543	0.594	0.683	0.660	0.821	1.081	0.932	0.695
	湖北	0.652	0.628	0.651	0.679	0.892	1.003	0.891	0.884	0.964	0.805
	湖南	0.809	0.490	0.669	0.834	0.804	0.658	1.004	1.158	0.847	0.808
西部地区	内蒙古	1.107	0.925	1.028	1.032	0.761	1.069	1.287	0.948	0.739	0.988
	广西	0.724	0.869	0.618	0.723	0.644	0.763	0.691	0.623	1.064	0.747
	重庆	1.295	0.963	0.957	1.063	1.451	1.162	1.163	1.195	1.173	1.158
	四川	0.678	0.516	0.990	0.839	1.053	0.924	1.069	0.883	0.809	0.862
	贵州	0.777	0.751	0.737	0.976	0.881	1.078	1.360	0.912	0.981	0.939
	云南	2.034	1.664	1.151	1.162	0.912	0.919	1.088	1.434	1.181	1.283
	陕西	1.510	0.948	0.934	0.913	1.438	0.692	1.053	1.028	1.099	1.068
	甘肃	0.882	0.807	0.915	0.864	1.059	1.054	0.728	1.000	0.877	0.910
	青海	1.406	1.355	1.362	1.324	1.631	1.289	2.020	1.510	1.407	1.478
	宁夏	1.073	1.154	1.088	1.367	0.818	1.103	1.172	1.234	1.292	1.145
	新疆	1.354	1.092	1.255	1.286	1.037	1.185	1.087	0.923	1.252	1.163
省区市均值		1.356	1.219	1.178	1.266	1.175	1.251	1.260	1.228	1.222	—

6.4.1　义务教育服务供给非均衡程度评估：分省结果

从表 6-4 可以看到，北京、天津和上海三个直辖市在样本期间的所有年份中，实际教育经费与最优教育经费的比值都大于 1，也就是说，这三个地区在样本期间存在义务教育服务的过度支出。考虑到这三个地区义务教育服务供给机构拥有更为合意的供给环境，如果能够提高义务教育服务的供给努力程度，应该可以用更低的投入提供现有的服务或以现有的投入提供更多的服务。从促进区域间义务教育服务供给机会平等的角度看，应该进一步降低这三个地区的人均义务教育经费。

平均来看，东部地区普遍存在义务教育支出的过度配置。在 11 个东部省市中，有 8 个省市样本期间实际教育经费与最优经费比值的平均值大于 1。西部地区的青海、新疆、内蒙古三个省区在样本期间的大部分年份中都存在义务教育服务支出的过度配置。

河北和安徽两省在样本期间的所有年份中，实际教育经费与最优教育经费的比值都明显小于 1，说明这两个地区在样本期间存在义务教育服务供给不足的现象。也就是说，这两个地区义务教育服务供给机构所处的外部环境更为恶劣，给定两省现有的公共服务供给努力程度和实际公共投入不变，如果能够优化二者的义务教育服务供给环境，则可以提高义务教育服务的供给水平。从促进区域间义务教育服务供给机会平等的角度来看，应该进一步提高这两个地区的人均义务教育经费。

平均来看，大部分中西部地区存在义务教育支出的配置不足问题。例如，湖北、江西、湖南、甘肃等地区，这些省在样本期间只有少数年份存在义务教育支出过度的现象，且比值大于 1 的幅度比较小，在大部分年份属于义务教育支出配置不足的状况。

此外，有三个省区（云南、广西、宁夏）平均比值略高于 1，还有三个省市（黑龙江、四川、重庆）平均比值略低于 1，但基本上可以判断这些地区平均而言达到了义务教育服务的机会平等配置目标。

6.4.2　医疗卫生服务供给非均衡程度评估：分省结果

从表 6-5 可以看到，大部分东部地区医疗卫生经费实际值与实现机会平等目标的最优值的比例都大于 1，如北京、天津、辽宁、上海、浙江、福建和海南七个省市在样本期间的所有年份都存在医疗卫生服务支出的过度配置。对大部分东部地区而言，由于其处于较好的外部供给环境中，按照机会平等的目标，它们提供既有的医疗卫生公共服务所需要的公共投入应该要小于其实际预算支出水平。

就实现公共服务供给的机会平等目标来说，应降低这些地区的人均卫生经费或激励其提供更多合意的公共服务。

只有两个省（山东和江西）在样本期间的所有年份中实际卫生经费与最优卫生经费的比值都明显小于 1，表明这两个地区在样本期间存在医疗卫生服务支出供给不足的问题。给定这两个地区处于不利的外部供给环境中，为激励其提供合意的医疗卫生服务，应在每一年都增加这两个地区的人均卫生经费。

大部分中部地区（8 个中的 5 个）除了 1～2 年表现为医疗卫生服务支出过度配置以外，样本期间主要表现为医疗卫生支出的配置不足。

西部地区的情况比较复杂，既有云南、宁夏和新疆等大部分年份及平均来看医疗卫生支出配置过度，也有贵州、四川等大部分年份及平均来看医疗卫生支出配置不足。

6.5 本章小结

第一，中国公共服务供给的机会平等效应仍有待提高。无论是义务教育服务还是医疗卫生服务，都普遍存在过度供给或供给不足问题。

第二，东、中、西部三个地区面临的机会不平等问题是不一样的。在东部地区，主要表现为公共服务的过度供给和预算支出的过度安排，对此政策设计的关键在于，为这些地区提供更好的激励，促进其公共服务供给努力程度的提高。在中西部地区，主要表现为公共服务的供给不足和预算支出安排的不足，对此政策设计的关键在于，优化这些地区的公共服务供给环境，提高其人均公共支出水平，为其更好地供给公共服务创造条件。

第三，医疗卫生服务领域公共支出配置的机会不平等问题远比义务教育服务领域更为严重。这是因为《义务教育法》和中央对各地区义务教育的转移支付有助于提高外部环境有利地区的义务教育服务供给努力程度，有助于增加义务教育供给环境不利地区的教育资源，从而能够降低各地区义务教育服务支持安排的机会不平等程度。因此，如何通过医疗卫生体制的改革，促进各地区医疗卫生支出的机会平等配置程度，是医疗卫生领域改革的重要内容之一。

第7章　政府间财政转移支付制度与公共服务供给机会平等

7.1　政府间财政转移支付的介绍

1994年分税制改革的一项重要内容是上收财权，增强中央政府的财力和财政宏观调控能力。与此同时，事权却层层下移，基层政府负担了越来越沉重的支出责任。为缓解这一“收支倒挂”型的财政制度安排导致的基层财政困境，中央政府逐步加大了对地方政府特别是基层政府的财政补贴力度，构建了不断完善也日趋复杂的政府间财政转移支付制度。经过20多年的发展，政府间财政转移支付的内容、范围甚至名称几经变化，目前形成了以一般性转移支付、专项转移支付和税收返还为主体的转移支付体系。其中，用于弥补地方财政收支缺口，减轻地方财力非均衡的一般性转移支付已经占到相当大的比重。政府间财政转移支付成为弥补地方财政收支缺口、缓解基层财政困难、促进地方公共服务供给均等化、调节政府间财政关系的重要制度安排。

虽然中国政府间财政转移支付制度取得了巨大的成就，但对其实施效果和作用的评价却褒贬不一。学术界对现阶段中国政府间财政转移支付体系的政策效应普遍持怀疑态度，认为当前政府间财政转移支付的主要组成部分可能存在均等化效应不足的问题（专项转移支付），或者存在对地方政府公共服务供给行为产生逆向激励效应的问题（一般性转移支付），甚至两种情况都可能存在（税收返还）。以这三项转移支付为主体的财政转移支付体系在平等和激励（或公平与效率）方面仍存在进一步完善的空间。因此，研究政府间财政转移支付制度与公共服务供给机会平等的关系，有助于准确评估现阶段政府间财政转移支付制度的均等化效果及财政激励效应，这对于构建激励相容型的财政均等化机制具有重要的理论和实践价值。

本章首先对中国政府间财政转移支付的三大类别（一般性转移支付、专项转移支付和税收返还）的制度安排进行梳理，进而对目前政府间财政转移支付的制度缺陷进行总结，最后利用前文测算的数据，构建多选项 Logit 模型，实证检验各类政府间财政转移支付对公共服务供给机会平等程度的影响，从而为进一步完善财政转移支付制度提供定量证据。

7.2 中国政府间财政转移支付制度变迁路径分析

7.2.1 一般性转移支付制度

一般性转移支付属于无条件转移支付，是上级政府根据下级政府的财政收支状况或财权事权安排，考虑地方经济、社会、自然条件，基于统一标准对下级政府给予的财政补助。一般性转移支付的名称在制度变迁中几经调整（如图 7-1 实线框中的内容），2002 年之前称为“一般性转移支付”、2003～2009 年改为“财力性转移支付”、2009 年以后用又重新称为“一般性转移支付”。根据《2012 年政府收支分类科目》的规定，一般性转移支付包括 24 个项目[①]。限于篇幅，本章按财政部公布的类别，仅对构成一般性转移支付主体的类别进行分析。

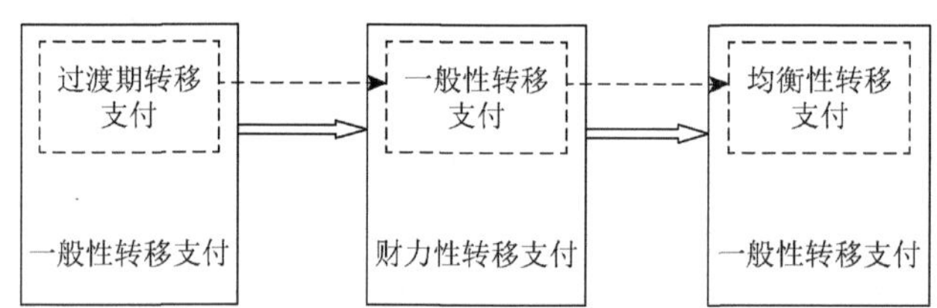

图 7-1 一般性转移支付和均衡性转移支付名称的变迁

1. 均衡性转移支付制度

均衡性转移支付属于典型的均等化财政补助，具有两个鲜明的特征：第一，在设立目的上，均衡性转移支付是为了缩小地区财力差距，实现区域间公共服务的均等化，因此财力充裕的地区没有资格接受这一补助；第二，在资金分配模式上，均衡性转移支付完全按照均等化的一般公式分配资金，基于公开、透明、适度激励的原则分配资金，且对接受补助的地方政府使用资金不作任何限制。图 7-1 中虚线框中的内容显示，分税制改革以来该转移支付几易其名。2009 年以后才确定为“均衡性转移支付”。我们分三个时期对这一转移支付的制度安排进行梳理。

1）过渡期转移支付（1995 年）

1995 年财政部制定了第一个规范的均衡性转移支付办法，称为《过渡期转移支付办法》。当时包含的内容有两项，即客观因素转移支付和民族地区政策性转移支付。

① 其中，有些类别并不属于严格意义上的无条件转移支付。比如，调整工资转移支付不仅规定了款项用途，而且要求地方政府辅以一定的配套比例，属于典型的专项转移支付，但在国家财政预决算公报中却被划入了一般性转移支付的范畴。

A. 客观因素转移支付制度的内容

某省区市客观因素转移支付额 =（该省区市标准支出–该省区市财力–该省区市收入努力不足额）×客观因素转移支付系数

a. 财力

过渡时期各省区市收入来源繁杂，测算难度较大，所以暂时按照各省区市实有财力作为资金分配计算依据的基础。其计算公式为

某省区市财力 = 该省区市财政决算收入+该省区市税收返还收入+ 该省区市体制补助（或–该省区市地方上解收入）

b. 标准支出

其计算公式为

某省区市标准支出 = 该省区市人员经费标准支出+该省区市公用经费标准支出+ 该省区市专项经费标准支出 + 该省区市建设性标准支出

其中，各项具体解释如下。

（1）人员经费标准支出包含“人员工资”和“新增地区津贴”两部分。新增地区津贴包括“艰苦边远地区津贴”和“地区附加津贴”，主要是为了鼓励财政供养人员到艰苦边远地区工作。具体计算如下。

人员工资 = 人均标准工资×标准财政供养人口

人均标准工资 = 六类地区[①]年人均工资×（1 + 该省区市工资区类别系数）

某省区市工资区类别系数 = $\sum$[(N类地区财政供养人口×该类地区工资级差系数) / 全省区市财政供养人口]

《过渡期转移支付办法》规定，采用回归方法确定各省区的标准财政供养人数。对行政部门、事业单位和集体三类部门，采用不同的回归公式：

行政部门标准供养人口 = 0.0036×农业人口（万）+ 0.0091×城镇人口（万）+ 0.000 57×少数民族人口（万）+ 0.0722×县级单位数 + 1.552

事业单位标准供养人口 = 0.0102×农业人口（万）+ 0.0419×城镇人口（万）+ 10.4

集体标准供养人口 = 0.0209×农村中小学学生数（万）–0.9466+ 其他人员

其他人员 = 集体供养人员实际数–集体供养教育人员实际数

此外，各省区市总供养人口数要利用全国地方平均的财政负担率进行折算：

某省区市总供养人口 = 行政人口标准供养人数+ 事业单位标准供养人数×0.88 + 集体供养人数×0.3

① 六类地区是指河北、山西、江苏、江西、安徽、山东、河南、湖北、湖南、广西、贵州 11 个省份。

为了鼓励地方政府控制供养人数，中央政府对控编有成效的地区给予 10%的奖励；同时考虑到特殊的背景和条件，对实际编制人数超过标准的地区，其超标部分 10%予以承认。

（2）测算公用经费标准支出时选择了行政公检法部门标准公用经费、全额事业单位标准公用经费和差额事业单位标准公用经费，并选择对这些经费影响较大的因素进行回归，回归公式如下。

行政公检法部门标准公用经费＝0.481×公检法部门供养人口
＋4.1095×人均财力±91 918

全额事业单位标准公用经费＝10.8417×人均财力＋186.1706×中小学学生数（万）
＋3.8826×运输里程＋174 368×人均GDP(万元/人）

差额事业单位标准公用经费＝1.7616×人均财力＋1671.8629×卫生人员数（万）
＋3.8897×总人口−26 405

其中，人均财力均按 1994 年地方平均水平 18 065 元/人计算。

（3）专项经费标准支出。其计算公式为

某省区市专项经费标准支出＝该省区市标准支农支出＋该省区市价格补贴支出
＋该省区市城市维护建设费实际支出＋列收列支专项实际数

其中，各省区市标准支农支出是以本地粮食产量与耕地面积分别占全国比重的平均值，与该省区市实际数相乘得到的。其他三项按实际数进行计算。

（4）建设性标准支出是某省标准人员经费和标准公用经费与地方建设性支出系数的乘积。而地方建设性支出系数＝地方实际建设总支出÷地方实际人员经费加实际公用经费。

c. 收入努力不足额

在改革初期，由于缺乏各地区的税基资料，因此不得不采用回归方法，建立标准收入模型，对各地区的收入努力程度进行测算。并利用各地区 1994 年的实际财政收入与标准收入进行比较，实际收入小于标准收入的地区为收入努力不足地区，根据差额相应扣减其转移支付补助额。

收入努力不足额＝标准收入−实际财政收入

标准收入由增值税和营业税的标准收入相加而得。增值税和营业税两个税种的标准收入回归公式如下。

$$增值税标准收入 = 659\,640.12 \times X_1 + 795.52 \times X_2 + 204.46 \times X_3 - 356\,655$$

其中，X_1是第二产业、第三产业 GDP 所占的比重；X_2是工业增加值；X_3是批发零售业商品销售总额，它们的单位都为亿元。

$$营业税标准收入 = 383.8757 \times X_1 + 0.1981 \times X_2 + 8.1382 \times X_3 + 9245$$

其中，X_1是建安企业总收入；X_2是公路、水路和港口企业营运收入；X_3是大中型餐饮企业销售总额，它们的单位都为亿元。

d. 客观因素转移支付系数

客观因素转移支付系数等于中央可用于向各省区市进行均等化转移支付资金总额与全国地方财政缺口的比值，此系数 1995 年为 0.025，1996 年为 0.035。

B. 民族地区政策性转移支付制度的内容

民族地区政策性转移支付是对民族地区额外实施的转移支付，其主要补助对象是民族省区市、非民族省区市的民族自治州。某省区市民族地区政策性转移支付额的计算公式为

某省区市民族地区政策性转移支付额＝{(全国人均财力–该省区市人均财力)
×该省区市财政供养人口×0.7
+［该省区市 1979 年财力×$(1+15\%)^{\text{年份}}$
–该省区市实有财力］×0.3}
×政策性转移支付系数

如果（全国人均财力–该省区市人均财力）<0，或者［(该省区市 1979 年财力×（1＋15%）–该省区市实有财力］<0，则按 0 计算。

2）过渡期转移支付制度的调整（1996～2002 年）

《过渡时期转移支付办法》（1995 年）搭建了中国规范的均衡性转移支付制度的基本架构。此后中国政府于 1996 年、1997 年和 1998 年对这一制度做了三次改进和完善。1999 年财政部颁布的《过渡时期财政转移支付办法》与 1995 年版本相比，在如下几个方面有了较大的调整。

A. 以标准财政收入替代财力因素

某地区标准财政收入＝该地区地方本级标准财政收入
＋该地区中央税收返还＋该地区专项补助
＋该地区原体制定额补助＋该地区结算补助
＋该地区其他补助

其中，地方本级标准财政收入的测算范围包括增值税（25%部分）、营业税、城市维护建设税、企业和个人所得税、农业税、农业特产税、资源税、土地使用税、车船使用税、屠宰税及该地耕地占用税、印花税、国有资产经营收益的标准收入。

根据各税种的不同情况，分别采用“标准税基×标准税率”和“收入基数×(1＋相关因素增长率)”等办法计算确定。以增值税为例做如下计算。

某地区增值税标准收入＝［(该地区制造业增加值
–该地区制造业增值税、消费税实征收入)
×该地区该行业标准税率＋（该地区采掘业增加值
–该地区采掘业增值税实征收入）×该行业标准税率
＋（该地区电力、煤气及水的生产和制造业增加值

–该地区电力、煤气及水的生产和制造业增值税实征收入）
×该地区该行业标准税率＋（该地区批发、零售、贸易业增加值–该地区批发、零售、贸易业增值税实征收入）×该地区该行业标准税率］
×25%

耕地占用税、印花税、国有资产经营收益等标准收入按 1998 年财政决算数计入，其他税种的标准收入详细可以参考《过渡时期财政转移支付办法》(1999 年)。

B. 改进了标准财政支出的计算方法

该调整主要是细化了标准支出的计算项目，改进了相关项目的计算方式并且扩大了标准支出的计算范围。

地区标准财政支出分解为人员经费（不包括卫生和城建部门，下同）、公用经费（不包括卫生和城建部门，下同）、卫生经费、城市维护建设费、社会保障补助支出、抚恤和社会救济支出、支援农业生产支出和农业综合开发支出等类。

(1) 在人员经费方面，用人员经费定额取代了人均标准工资。计算公式如下：

某地区某级人员经费定额＝（六类地区该级政府 1997 年人员经费＋职务工资晋档标准）×（1＋该地区工资区类别系数）
＋基础工资提高标准

(2) 在公用经费方面，彻底改革了公用经费的测算办法，采用全国统一的人均公用经费标准和各地区财政供养人数为公用经费的两个因数，辅之以适当的成本差异系数计算确定。计算公式如下：

某地区公用经费标准支出＝该地区取暖费标准支出＋该地区燃修费标准支出＋该地区其他公务费、业务费和其他公用经费标准支出

适当调整了标准财政供养人员测算口径。将离退休人员从财政供养人数中分离出来，据实计算。为了提高标准财政支出测算的准确性，将财政供养人员按省、地、县三级分别测算。

标准财政供养人数按国家职工和离退休职工分别计算确定，同时考虑 1999 年 6 月 30 日前的中央事业单位下放地方因素。标准财政供养人数的计算公式为

某地区标准财政供养人数＝该地区标准国家职工人数＋该地区标准离退休职工人数＋1999 年 6 月 30 日前中央下划该地区事业单位职工人数

(3) 新增了卫生经费、社会保障补助支出、抚恤和社会救济支出、支援农业

生产支出和农业综合开发标准支出。用病床数和医技人员因素计算确定卫生经费标准支出；农业综合开发标准支出根据中央安排的对各地区农业综合开发补助数及中央规定的地方应配套比例确定。

3）一般性转移支付（2002～2008 年）

作为所得税收入分享改革的配套措施，2002 年中央政府决定将改革增加的收入全部用于补助财政困难地区，从而建立了一般性转移支付机制。将“过渡期转移支付”改名为“一般性转移支付”，原来的“一般性转移支付”则改名为“财力性转移支付”。这一时期，一般性转移支付（2002 年之前的过渡期转移支付）的内容有了较大的改变。2005 年一般性转移支付由客观因素转移支付、民族地区转移支付、革命老区转移支付和边境地区转移支付三类构成，但在 2006 年革命老区转移支付和边境地区转移支付划出单独下达，而在 2008 年财政部公布的转移支付决算表中，民族地区转移支付也单独列出，因而在这一部分我们专门探讨公式化的客观因素转移支付。

公式化的客观因素转移支付与过渡时期转移支付有很多相似之处。

A. 标准财政收入方面

2006 年中国废止了农业税、农业特产税（烟叶税除外），因而计算标准财政收入时剔除了这两项。另外，2006 年新增了房产税、土地增值税、契税和剔除了屠宰税、国有资产经营收益。

其中，房产税标准财政收入以各地房产价值为税基，按照全国平均有效税率计算确定；由于原始数据很难取得，土地增值税标准财政收入用实际数代替；2007 年规定了契税的标准财政收入计算方法，即税基按商品房销售额和土地出让利润核算，税率按平均有效税率计算确定。

B. 标准财政支出方面

2008 年标准财政支出做了较大的变动。其中最大的变动是利用成本差异系数计算各部门的标准支出，又根据海拔、人口密度、温度、运输距离、少数民族、地方病等影响财政支出的客观因素计算确定成本差异系数。此外，还以各地区的实际人口代替了财政供养人口。以行政部门为例做如下计算。

$$\text{行政部门标准财政支出}=\sum_i\left(\sum_j\text{各级次总人口}\times\text{该级次人均支出标准}\right.$$
$$\left.\times\text{支出成本差异系数}\right)$$

其中，$i=$省本级、地市本级、县本级；$j=0,1,2,\cdots,N$是该级次行政单位个数。

$$\text{人均支出标准}=\text{该级次全国总支出}\div\text{该级次全国总人口}$$

$$\text{支出成本差异系数}=（\text{人口规模系数}\times0.85+\text{面积系数}\times0.15）$$

×｛艰苦边远系数×人员经费占该项支出比重
+温度系数×取暖费占该项支出比重+海拔系数
×运距系数×燃油费占该项支出比重+路况系数
×车辆维修费占该项支出比重+［1–（人员经费占比
+取暖费占比+燃油费占比+车辆维修费占比）］｝
×供养率差异系数×民族系数×直辖市差异系数

其他各部门的标准支出与行政部门的计算公式大同小异，但是由各部门自行制定支出成本差异系数。

4）均衡性转移支付（2009 年至今）

为进一步规范中国的财政转移支付制度，从 2009 年起，财政部将财力性转移支付改为一般性转移支付，原一般性转移支付改为均衡性转移支付。2011 年以后，均衡性转移支付的内容除了纯粹的公式化客观因素转移支付外，还包括重点生态功能区转移支付、产粮大县奖励资金、县级基本财力保障机制奖补资金。《2011 年中央对地方均衡性转移支付办法》在原有公式的基础上加入增幅控制调整和奖励资金，增加了适度的激励机制，激励省级政府推进省以下公共服务均等化。

A. 公式化的客观因素转移支付

测算标准财政支出时，除了选取总人口因素外，还包括了与教育支出相关的学生人数等因素，根据不同的政府职能选用不同的因素进行支出需求测算。按照这些客观因素与单位因素平均支出的乘积，并结合成本差异系数确定支出需求。

《2012 年中央对地方均衡性转移支付办法》规定，在计算标准财政支出时，将更多的客观因素引入到成本差异的确定中，如运输距离、地方病等。转移支付办法首次涉及数据测算部分的改革，测算所需数据的来源明确界定为统计年鉴等公开的资料，同时允许地方政府核对测算数据资料，这显著提升了均衡性转移支付制度的透明性。但也应注意到，其具体的测算过程、采用的数据等并没有公开。

均衡性转移支付的计算公式为

某地区均衡性转移支付 =（该地区标准财政支出–该地区标准财政收入）
×该地区均衡性转移支付系数+增幅控制调整
+奖励资金

（1）标准财政收入的测算方法如表 7-1 所示。

表 7-1　标准财政收入的测算方法

计算项目	计算公式
增值税（25%）	以国家统计局提供的制造业、采掘业、电力燃气水资源供应业和批发零售贸易业的增加值为税基，分别乘以全国平均有效税率

续表

计算项目	计算公式
营业税	以国家统计局提供的建筑业、住宿和餐饮业、销售不动产和公路运输税品的营业收入、销售额作为税基乘以按照全国平均有效税率加上金融保险业、邮电通信业、文化体育业、交通运输业（不含公路运输）、其他服务业（不含住宿和餐饮业）和转让无形资产等应税品目的营业税实际收入
城市维护建设税	（消费税实际收入＋增值税标准财政收入＋营业税的标准财政收入）×各地区实际有效税率。其中，各地区实际有效税率根据各地区城市维护建设税实际收入对增值税、消费税和营业税实际收入之和的比例确定
企业所得税（40%）	以国家统计局提供的企业利润作为代理税基乘以全国平均有效税率
个人所得税（40%）	（平均工资–免征额）×职工人数×全国平均有效税率＋个体工商业户营业收入×全国平均有效税率＋其他个人所得税及储蓄存款利息所得税实际收入
契税	商品房销售额和实际土地出让利润×全国平均有效税率
耕地占用税	耕地占用量×全国平均有效税率

除表 7-1 中的税种之外，标准收入中的资源税、印花税、烟叶税、房产税、土地增值税、城镇土地使用税、车船使用牌照税，以及非税收入中的罚没收入、排污费收入、其他收入按照实际收入计算。非税收入中探矿权、采矿权使用费及价款、行政事业性收费、国有资本经营收入、国有资源（资产）有偿使用收入等按实际收入的一定比例计算。

（2）标准财政支出的测算方法如表 7-2 所示。

表 7-2　标准财政支出的测算方法

计算项目	计算公式	成本差异系数和注解
一般公共服务	一般公共服务标准财政支出＝$\sum_i\left(\sum_j\right.$各级次总人口×该级次人均支出标准×支出成本差异系数$\left.\right)$ i＝省本级、地市本级、县本级 j＝0，1，2，…，N是该级次行政单位个数	支出成本差异系数＝（人口规模系数×0.85＋面积系数×0.15）×｛艰苦边远系数×人员经费占该项支出比重＋温度系数×取暖费占该项支出比重＋海拔系数×运距系数×燃油费占该项支出比重＋路况系数×车辆维修费占该项支出比重＋[1–（人员经费占比＋取暖费占比＋燃油费占比＋车辆维修费占比）]｝×供养率差异系数×民族系数×直辖市差异系数 人口规模系数、面积系数、温度系数分别根据人口、面积、温度分档。各类系数＝该档内人均财政支出÷人均财政支出的全国平均值，并适当平滑
公共安全	同一般公共服务	
教育	$\sum_i\left(\sum_j\right.$学生数×该级次生均支出标准×支出成本差异系数$\left.\right)$	
文化体育与传媒	同一般公共服务	
医疗卫生	医疗卫生标准财政支出＝$\sum_i\left(\left(\sum_j\right.\right.$各级次总人口×该级次人均支出标准（不含新农合）×支出成本差异系数$\left.\right)$＋参加新农合人数×财政人均补贴标准$\left.\right)$	在上述系数基础上再乘以人均寿命系数和地方病系数 人均寿命系数根据各地人均寿命情况分档，各档人均寿命差异系数根据各地人均寿命与全国平均水平差异情况确定 地方病系数根据地方病发生情况，及实际支出水平计算确定

续表

计算项目	计算公式	成本差异系数和注解
环境保护	污染防治标准财政支出 = $\sum_i\left(\sum_j\right.$（环境保护实际支出–污染防治实际支出 + 单位 COD 排放污染防治费用×COD 排放量×70% + 单位二氧化硫排放污染防治费用×二氧化硫排放量×30%）$\left.\right)$	单位 COD 排放污染防治费用 = 该级次污染防治费用÷该级次 COD 排放总量 单位二氧化硫排放污染防治费用 = 该级次污染防治费用÷该级次二氧化硫排放总量
城乡社区事务	城乡社区事务标准财政支出 = $\sum_i\left(\sum_j\right.$（（单位建成区面积城乡社区支出×建成区面积×80% + 人均支出标准×人口数×人口规模系数×20%）×0.5 + 实际支出×0.5）$\left.\right)$	单位建成区面积城乡社区支出 = 该级次城乡社区全国总支出÷该级次全国建成区总面积 人均支出标准 = 该级次城乡社区全国总支出÷该级次全国总人口
农业	农业标准财政支出 = max $\left(\sum_i\left(\sum_j\left(\right.\right.\right.$（农村人口×人均农业支出标准×20% + $\sum_j$ 粮食播种面积×单位面积农业支出标准×40% + $\sum_j$ 粮棉油总产量×单位产量农业支出标准×40%）×干旱系数$\left.\left.\right)\right)$，实际支出$\left.\right)$	人均农业支出标准 = 该级次农业全国总支出÷该级次全国农村总人口 单位面积农业支出标准 = 该级次农业全国总支出÷该级次全国农业面积 单位产量农业支出标准 = 该级次农业全国总支出÷该级次全国农业产量
林业	林业标准财政支出 = max $\left(\sum_i\left(\sum_j\left(\right.\right.\right.$（林地面积×单位面积林业支出标准 ×20% + $\sum_j$ 实际支出×80%）×干旱系数$\left.\left.\right)\right)$,实际支出$\left.\right)$	单位面积林业支出标准 = 全国林业总支出÷（全国林地面积 + 全国草地面积×50%）
水利	水利标准财政支出 = 据实计算支出 + 标准化测算支出 标准化测算支出 =（堤防长度×单位堤防长度支出标准×40% + 已建成水库总库容×单位库容支出标准×30% + 有效灌溉面积×单位灌溉支出标准×30%）×干旱系数	据实计算支出包括“水利”款下的功能分类中防汛支出、抗旱支出、小型农田水利支出、水利建设，其余支出项目采用标准化测算
交通运输	交通运输标准财政支出 =（公路里程×每公里交通支出×30% + 常住人口×人均交通支出×20% + 县个数×县均交通支出×10% + 民用汽车拥有量×车均交通支出×10% + 面积×单位面积交通支出×30%）×地表起伏度系数	—
社会保障和就业	城市居民最低生活保障标准支出 = 城市低保人数×城市人均支出标准 人均支出标准 = 全国城市低保支出÷全国城市低保人数 农村最低生活保障支出测算办法与城市相同，采用农村最低生活保障相关人数和标准	社会保障和就业标准财政支出中城市居民最低生活保障和农村最低生活保障支出采用标准化测算，其余据实计算
住房保障	某地住房保障标准支出 = 该地保障住房任务量×保障住房单位支出标准 + 各类棚户区改造任务量×棚户区改造单位支出标准 + 农村危房改造任务量×农村危房改造单位支出标准	保障住房单位支出标准 = 地方保障住房支出总额÷地方保障住房任务总量 棚户区改造单位支出标准 = 地方棚户区改造支出总额÷地方棚户区改造任务总量 农村危房改造单位支出标准 = 地方农村危房改造支出总额÷地方农村危房改造任务总量
人口较少少数民族特殊支出	人口较少少数民族特殊支出 = 人口较少少数民族人数×县级单位人均支出标准×30%	县级单位人均支出标准 = 县级单位标准支出÷县级单位总人口

注：COD 为化学需氧量（chemical oxygen demand）

除表 7-2 中的标准财政支出外，地方还承担着宗教特殊支出、海域管理支出等特殊支出，它们根据相关因素或者地方实际支出确定。对于难以选取客观因素、各地政策差异较大、保障力度较好的外交、国防、科学技术、采掘电力信息等事务，粮油物资储备及金融监管等事务，地方对口支援，其他支出等支出据实计算。

（3）均衡性转移支付系数。该系数按照均衡性转移支付总额、各地区标准财政收支差额以及各地区财政困难程度等因素确定。其中，困难程度系数根据地方“保工资、保运转、保民生”支出占标准财政收入比重及缺口率计算确定。

困难程度系数 = 标准化处理后（“保工资、保运转、保民生”支出 ÷ 地方标准财政收入）×50% + 标准化处理后（标准收支缺口 ÷ 标准支出）×50%

（4）增幅控制调整机制。为保障各地财政运行的稳定性，以中央对地方均衡性转移支付平均增长率为基准，对超过或者低于基准增长率一定幅度的地方适当调增或者调减转移支付额。

（5）奖励资金。为促进省区市以下推进基本公共服务均等化，对省区市以下均等化努力程度前五位的地区，按照当年测算该地区转移支付额的一定比例给予奖励。

某省区市以下均等化努力程度 = 标准化处理后（上年该省区市以下人均支出差异系数 –该省区市以下人均支出差异系数）×50% + 标准化处理后（该省区市以下人均支出差异系数）×50%

B. 重点生态功能区转移支付

国家重点生态功能区是指国家划定的需要重点保护和限制开发的区域，被划定为生态功能区的地区经济社会发展会受到影响，削弱政府财政能力。为维护国家生态安全，引导地方政府加强生态环境保护力度，提高国家重点生态功能区所在地政府基本公共服务保障能力，2009 年中央开始试点试行重点生态功能区转移支付（《国家重点生态功能区转移支付（试点）办法》）。并在随后几年对其进行了补充完善，其测算公式的变化见表 7-3。

表 7-3　国家重点生态功能区转移支付测算公式

年份	测算公式
2009	某省区市补助数 = (Σ该省区市纳入试点范围的市县政府标准财政支出–Σ该省区市纳入试点范围的市县政府标准财政收入) ×（1–该省区市均衡性转移支付系数）+ 纳入试点的市县政府生态环境保护特殊支出×补助系数
2011	某省区市补助数 = Σ该省区市纳入试点范围的市县政府标准财政收支缺口×补助系数 + 纳入试点的市县政府生态环境保护特殊支出 + 禁止开发区补助 + 省级引导性补助
2012	某省区市补助数 = (Σ该省区市限制开发等国家重点生态功能区所属县标准财政收支缺口×补助系数×禁止开发区补助 + 省级引导性补助 + 生态文明示范工程试点工作经费补助

C. 县级基本财力保障机制奖补资金

为促进县域经济社会发展和民生改善，实现县级财力与责任相匹配的原则。财政部2010年研究制定了《关于建立和完善县级基本财力保障机制的意见》，并在2011年将其并入均衡性转移支付。根据财政部2013年出台的《中央财政县级基本财力保障机制奖补资金管理办法》，结合各地区财政困难程度，依据县乡政府需要承担的人员经费、公用经费、民生支出及其他必要支出等，核定各省区市的县级政府基本财力保障范围和保障标准，采用因素法对省级财政部门分配县级基本财力保障机制奖补资金，财政部根据政策变化情况，每年适时予以调整。对县级政府新增基本财力保障需求予以补助，对县级财力均衡度较高、县级财政管理较为规范和绩效管理水平较高的地区给予奖励。

D. 产粮大县奖励资金

2005年我国出台了产粮大县奖励政策《中央财政对产粮大县奖励办法》（财建〔2005〕153号）。

（1）产粮大县的入围条件。界定为产粮大县需满足如下条件：1998～2002年五年平均粮食产量大于4亿斤[①]，且粮食商品量大于1000万斤。分县的粮食产量、粮食播种面积按五年（1998～2002年）的数据进行算术平均计算，粮食商品量、产量、播种面积各占50%、25%、25%的权重。

（2）奖励系数。一类地区包括浙江省、广东省，奖励系数为0.2；二类地区包括辽宁省、江苏省、福建省、山东省，奖励系数为0.5；三类地区包括扣除一、二类地区以外的省区市（但不包括北京市、天津市、上海市），奖励系数为1。二、三类地区的省区市中，既是产粮大县又是中央财政认定的财政困难县的，中央财政增加奖励系数：二类地区增加0.125，三类地区增加0.25。

2012年，中央财政安排产粮（油）大县奖励资金280亿元，并按照建立完善动态奖励机制的要求，财政部对奖励办法进行了适当调整和完善。产粮大县的标准主要依据2006～2010年五年平均粮食产量大于4亿斤，且商品量（扣除口粮、饲料粮、种子用粮测算）大于1000万斤来确定。奖励资金继续采用因素法分配，粮食商品量、产量和播种面积权重分别为60%、20%、20%，常规产粮大县奖励标准为500万～8000万元。

2. 革命老区转移支付制度

为了改善革命老区政府的财政状况和人民的生活，从2001年起，中央财政在一般性转移支付中增设了革命老区转移支付，主要用于改善革命老区人民生产生活条件。补助对象是对中国革命做出较大贡献、财政较为困难的连片老区县（市、区），

---

① 1斤＝0.5千克。

主要是土地革命战争时期的老区。革命老区转移支付资金不要求县级财政配套。

在实施当年（2001 年），所有革命老区县的财政转移支付标准是标准财政支出大于标准收入的差额乘以 0.04 的补助系数确认。

从 2002 年开始，所有革命老区县实行统一的县均补助标准，2002～2005 年该补助标准分别为 300 万元、400 万元、500 万元和 600 万元。从 2006 年起，为了加强革命老区转移支付资金管理，发挥资金的政策效应，中央财政将革命老区转移支付从一般性转移支付中划出，调整为专项管理，设立了革命老区专项转移支付资金，并制定了《革命老区专项转移支付资金管理办法》。2006 年革命老区转移支付实行专项管理后，补助标准逐年提高，2006～2010 年分别为县均 720 万元、720 万元、800 万元、900 万元和 1000 万元。

2012 年财政部出台的《革命老区转移支付资金管理办法》（财预〔2012〕293 号），并且特别增加了对相关地区转移支付资金使用情况的监督检查。革命老区转移支付资金由专项转移支付又改为一般性转移支付，有利于省级财政统筹老区发展和财政资金管理的科学化与精细化。

3. 边境地区转移支付制度

边境地区转移支付资金分配对象为有陆地边境线的县、自治县、不设区的市、市辖区（以下简称县）。边境地区转移支付在我国转移支付类别的划分中几经变更，2001～2005 年，其被划为均衡性转移支付；2006～2011 年，经国务院批准，将边境地区转移支付单独划出专项管理。2012 年，财政部出台的《边境地区转移支付资金管理方法》中又明确规定其属于一般性转移支付。

2001～2005 年，边境地区转移支付额根据边境县区标准财政支出大于标准财政收入的差额和对应的系数相乘确定，2001～2005 年的系数分别是 0.06、0.06、0.085、0.13 和 0.13。

边境地区转移支付主要用于边境和海洋事务管理、改善边境沿海地区民生、促进边境贸易发展。财政部按照陆地边境线长度、边境县个数、边境县总人口、行政村个数、边境一类口岸人员通关量和过货量、边境贸易额、边疆治理状况等因素，结合各地区管理和使用转移支付资金的绩效评价结果，对省级财政部门分配边境地区转移支付资金。

4. 民族地区转移支付制度

中国在过渡期转移支付设立时就在政策性转移支付中给予了五个民族自治区和三个享受民族地区待遇的省及之外的八个自治州财政转移支付。从 2000 年开始，为配合西部大开发战略的实施，实施民族地区转移支付制度，转移支付范围包括民族省区和民族自治州。2006 年中央财政又将民族自治县纳入了民族地区转移支付的补助范围。

2009 年之前，我国民族地区转移支付的资金来源主要包括 10 亿元的财政专款（以后按照中央分享的增值税的增长率递增）和民族地区上划增值税增长部分的 80%，第二部分的 40%直接返还给来源地，另外 40%和第一部分的资金按照各地的标准财政收支差额和财政困难程度在民族地区间分配。

根据财政部出台的《中央对地方民族地区转移支付办法》（财预〔2010〕448 号），各民族自治县转移支付额在上一年度分配数基础上，统一按照前三年全国国内增值税收入的平均增长率确定。用公式表示为

某民族自治县分配数 = 上一年度分配数

×前三年全国国内增值税收入的平均增长率

另外，转移支付总额扣除民族自治县分配数后的部分，在民族省区和民族自治州间分配。其中，70%部分按照因素法分配，30%部分考虑各地前三年上划中央增值税收入增量情况分配。用公式表示为

某民族省区（或民族自治州）分配数 = 按因素法分配数

+ 与上划增值税收入增量挂钩的分配数

其中，按因素法分配数参照中央对地方均衡性转移支付办法计算确定。

5. 调整工资转移支付制度

1998 年之后，为了配合中央实施积极的财政政策，财政部从 1999 年开始多次调整机关事业单位在职职工工资和离退休人员离退休费。对调整工资及离退休费增加的支出，沿海经济发达地区自行解决；对财政困难的老工业基地和中西部地区，由中央区别对待给予财政转移支付。基本测算公式为

某地区转移支付额 = 人数×人均增资额×转移支付系数

人数包括机关单位在职职工和离退休人数。具体工资标准和补助系数见表 7-4。

表 7-4　1999～2006 年调整工资转移支付情况

日期	工资标准/[元/(人 • 月)]			补助系数
	在职	离休	退休	
1999 年 7 月 1 日	120	165	96	人员经费和公用经费占可支配财力的比重在 60%～100%的分为四个档，补助系数分别为 0.6、0.65、0.7、0.75。民族地区调增五个百分点。天津、辽宁和云南补助系数分别为 0.3、0.4、0.5
2000 年 1 月 1 日	100	128	100	同 1999 年的标准
2001 年 10 月 1 日	80	120	80	除北京、天津、辽宁、上海、江苏、浙江、福建、山东、广东外，其他地区国家给予全额补助。2002 年起辽宁（不含沈阳、大连）、山东（不含济南、青岛）按照 20%补偿

续表

日期	工资标准/[元/(人·月)]			补助系数
	在职	离休	退休	
2003 年 7 月 1 日	50	80	50	除北京、天津、辽宁、上海、江苏、浙江、福建、广东外，其他地区国家给予全额补助。2002 年起辽宁（不含沈阳、大连）、山东（不含济南、青岛）按照 40%补偿
2006 年 7 月 1 日	300	450	270	除北京、天津、辽宁、上海、江苏、浙江、福建、广东外，其他地区国家给予全额补助。2002 年起辽宁（不含沈阳、大连）、山东（不含济南、青岛）、福建（不含福州、厦门）按照 40%补偿

6. 资源枯竭城市转移支付制度

为修复和维护资源枯竭型城市的生态环境，维护当地的社会稳定，国务院 2007 年出台《国务院关于促进资源型城市可持续发展的若干意见》，2007～2010 年设立针对资源枯竭城市的转移支付。国家发展和改革委员会（以下简称国家发改委）于 2008 年 3 月 17 日确定了国家首批 12 个资源枯竭城市，2009 年国务院确定了第二批 32 个资源枯竭城市，2012 年确定了第三批 25 个资源枯竭城市。中央对地方城市的转移支付重点用于社会保障、教育卫生、环境保护、公共基础设施建设和棚户区改造，以及支持因工矿区治理等非市场因素进行的企业搬迁改造。

第一轮为期四年的具体补助办法为

转移支付额＝非农人口×人均补助额×修正系数＋固定数额补助＋奖励资金

修正系数根据各省区市的财力水平、财政困难程度和支出成本差异、资源类型等因素确定。2012 年出台了《2012 年中央对地方资源枯竭城市转移支付管理办法》，纳入资源枯竭城市转移支付范围的市（县、区）第一轮补助（四年）后，根据国务院有关部门对资源枯竭城市转型情况的评价结果，转型没有成功的市（县、区）继续延期五年；转型成功的市（县、区）按照上一年补助基数分三年给予退坡补助，补助比例分别为 75%、50%和 25%。

中央对地方资源枯竭城市转移支付按以下公式分配：

该地方资源枯竭城市转移支付额＝定额补助＋因素补助

其中，定额补助分为县级、市辖区、参照执行资源枯竭城市转移支付政策的城市三个档次，补助金额根据预算安排情况确定；因素补助＝人均补助额×各市县非农人口（市辖区采用总人口）×人均财力系数×困难程度系数×成本差异系数×资源枯竭程度系数×资源类型系数。

（1）人均补助额＝按因素法分配的转移支付总额÷（各市县的非农人口数＋各市辖区的总人口数）。

（2）人均财力系数是根据各地区财力总额和人口总数分市、县、区分别确定的。

（3）困难程度系数和成本差异系数可参照当年中央对地方均衡性转移支付办法测算。

（4）资源枯竭程度系数可参照可利用资源储量占累计查明储量的比重分档确定。

（5）资源类型系数可分林木资源类系数和煤炭等其他资源类系数两类。林木资源类系数为 80%、煤炭等其他资源类系数为 100%。

7. 农村税费改革转移支付

为减轻农民负担，中央从 2000 年开始着手进行农村税费改革，并从 2001 年开始设立农村税费改革转移支付，补助地方政府因政策变化而导致的财政减收。

财政部印发《农村税费改革中央对地方转移支付暂行办法》（财预〔2002〕468 号）将试点扩大到了详细规定了农村税费改革转移支付的具体分配办法：

某地区转移支付额 = 乡镇转移支付 + 村级转移支付 + 教育集资转移支付

（1）该地区乡镇转移支付 =（该地区乡村两级办学经费 + 该地区计划生育经费 + 该地区优抚经费 + 该地区乡村道路修建经费 + 该地区民兵训练费 + 其他统筹支出该地区屠宰税减收 + 该地区农业特产税政策性减收–该地区农业税增收）× 该地区转移支付系数。

（2）村级支出根据各地行政村个数、五保户人数、农民人均收入水平及转移支付系数等因素计算确定。

（3）教育集资支出根据各地县镇、农村中小学生人数、乡镇和村行政区划数及转移支付系数等因素计算确定。

（4）各地区的转移支付系数计算公式为

某地区转移支付系数 =（该地区农业税等四项收入占其财力比重
÷全国平均农业税等四项收入占地方财力比重 × 权重
+ 该地区人员经费和基本公用经费占其地方财力比重
÷全国平均人员经费和基本公用经费占地方财力比重
× 权重）× 中央财政负担系数

8. 成品油价格和税费改革转移支付

根据《中央对地方成品油价格和税费改革转移支付办法》的规定，该项转移支付资金来源于实施成品油价格和税费改革形成的财政收入，转移支付的资金主要用于保障交通基础设施养护和建设等需要，逐步推进全国交通均衡发展。

中央安排的转移支付总额为

转移支付总额 = 当年成品油税费改革形成的财政收入
× 改革基期年“六费”收入等占按改革相关因素测算的财政收入的比例

从 2009 年起，如果改革形成的收入能够比原来测算的收入增长超过 10%，中央财政将安排增长性补助。增长性补助指当年转移支付总额中扣除替代性返还后的增量资金的分配，60%按照各地成品油消耗量分配，40%按照改革基期年公路规费和水路规费的比重、影响公路养护和建设及航道养护的客观因素分配。

转移支付资金分配包括替代性返还和增长性补助两部分。根据财政部公布的信息可以看出列入一般性转移支付内的部分应该是增长性补助。增长性补助的具体测算方法如下：某地增长性补助 = 成品油消耗量分配数 + 公路养护和建设分配数 + 航道养护分配数。

（1）成品油消耗量分配数 = 全国增长性补助总额×60%×（该地上年成品油消耗量÷全国上年成品油消耗量）。

（2）公路养护和建设分配数 = 全国增长性补助总额×改革基期年公路规费占比×（该地当量公路里程÷全国当量公路里程×20% + 该地路网密度因素×15% + 该地路况指数因素×5%）。

（3）航道养护分配数 = 全国增长性补助总额×改革基期年水路规费占比×（该地当量航道里程÷全国当量航道里程×40%）。

7.2.2　专项转移支付制度概况

分税制改革之前，中国的专项转移支付的项目和金额都比较小；分税制改革之后，逐步建立起规范的政府间转移支付制度，专项转移支付的规模日益增长，项目也不断增多。在 1994 年之后的六七年间，中国的专项转移支付制度规范建设的重点是过渡期转移支付，对专项转移支付始终缺乏明确的规则和统一的条例，导致专项转移支付项目庞杂，内容繁多，基本上是实行“一事一议”项目法，不同地区不同类型的专款有专门的资金管理方法。据统计，2012 年专项转移支付包括 23 个大项、200 多个小项。列入中央对地方税收返还和转移支付决算表中的专项转移项目就有将近 120 项。中央政府拨付给地方政府的转移支付金额完全取决于地方政府与中央的谈判能力，分配不均和地方政府专项资金使用的低效及资金分配中存在的“暗箱操作”，使得专项转移支付制度安排迫切需要改革。

2000 年 8 月，财政部颁布了《中央对地方财政专项拨款管理办法》，它是我国关于专项转移支付管理的纲领性文件。该办法详细规定了专项资金的具体内容，包括基本建设支出、企业挖潜改造资金、地质勘探费、科技三项费用、支援农村生产支出、农业综合开发支出、各项事业费支出、抚恤和社会福利救济费、社会保障补助支出、行政管理费、公检法司支出、城市维护和环境保护支出、政策性补贴支出、支援不发达地区支出、其他支出等一般预算支出中的专项资金。

2007 年中央开始对专项转移支付的各类项目进行了较大规模的调整，本书选取分税制改革之后三个代表性的年份来展现中国专项转移支付制度的变迁（表 7-5）。

表 7-5 中国专项转移支付的构成项目变迁

专项转移支付的构成项目			
1994 年	2005 年	2013 年	
基本建设支出	基本建设支出	一般公共服务	商业服务业等事务
企业挖潜改造资金	企业挖潜改造资金	国防	金融监管等事务支出
科技三项费用	科技三项费用	科学技术	地震灾后恢复重建支出
支援农业生产支出	支援农业生产支出	教育	国土资源气象等事务
文教科卫等事业费支出	文教科卫等事业费支出	文化体育传媒	资源勘探电力信息等事务
抚恤和社会福利救济费	抚恤和社会福利救济费	住房保障支出	粮油物资储备事务
行政管理费	行政管理费	公共安全	其他支出
公检法司支出	公检法司支出	节能环保	
支援不发达地区支出	支援不发达地区支出	城乡社区事务	
其他专款支出	其他专款支出	农林水事务	
政策性价格补贴支出	政策性补贴支出	交通运输	
	社会保障补助支出	社会保障和就业	

专项转移支付资金的分配采用因素法、项目法或两者相结合的分配方法，目前以因素法为主。

1. 因素法

因素法分配专项转移支付资金是指基于客观因素和政策性因素向各地区分配转移支付资金。包括以下三种管理模式。

（1）“中央因素法、地方项目法”。即中央采取因素法确定各省区市项目资金规模，地方以资金规模为依据进行项目管理。主要包括西部地区基层政权建设资金、中央财政农业综合开发资金、现代农业生产发展资金、中央财政促进服务业发展专项资金等。

以中央财政促进服务业发展专项资金为例，资金数额按照因素法分配，具体分配公式为某省区市专项资金分配额 = 年度专项资金总规模×[20%×该省区市社会消费品零售总额×该省区市地区差别系数÷$\sum$（各省区市社会消费品零售总额×各省区市地区差别系数）+20%×该省区市社会消费品零售总额增长率×该省区市地区差别系数÷∑（各省区市社会消费品零售总额增长率×各省区市地区差别系数）+20%×该省区市第三产业增加值×该省区市地区差别系数÷∑（各省区市第三产业增加值×各省区市地区差别系数）+20%×该省区市第三产业增加值增长率×该省区市地区差别系数÷∑（各省区市第三产业增加值增长率×各省区市地区差别系数）+20%×该省区市第三产业就业人数×该省区市地区差别系数÷∑（各省区市第三产业就业人数×各省区市地区差别系数）]。

地区差别系数分东、中、西部地区，分别为 1、1.3、1.5，其他分配因素以国家统计局上一年发布的统计数据为准。另外，专项资金分配到各省区市后，应按照项目法管理，在民生贸易服务类、与生产流通直接相关的服务业类、与节能减排环保有关类、与公共服务直接相关类内确定支持重点，集中财力支持项目建设、改造和发展。

（2）"中央因素法、地方因素法"。即中央与地方均采取因素法层层下拨。主要包括农资综合直补资金、粮食风险基金中央补助款、新型农村合作医疗补助、优抚对象抚恤补助、中央财政森林生态效益补偿基金等。专项扶贫资金就属于这类管理模式的典型，资金分配主要按因素法进行。具体因素主要包括各地扶贫对象规模及比例、农民人均纯收入、地方人均财力、贫困深度等客观因素和政策性因素；客观因素指标取值主要采用国家统计局等有关部门提供的数据；政策性因素主要参考国家扶贫开发政策、中央对地方扶贫工作考核及财政专项扶贫资金使用管理绩效评价情况等。地方各级财政安排的财政专项扶贫资金应主要采取因素法分配，资金分配的因素及指标取值由各地自行确定。

（3）"中央因素法、地方自主法"。即中央采取因素法确定各省区市项目资金规模，地方相关部门自行安排。例如，老少边穷地区纪检监察办公办案补助费、质量技术监督专项补助等。

质量技术监督专项补助按照基本因素（各地财力状况和各地质量技术监督部门基本构成情况）的 30%、业务因素的 30%、政策因素的 30%和其他因素（如自然灾害、突发事件等）的 10%进行分配。项目实施中，项目承担单位必须严格执行国家有关财务制度，按照财政部和国家质量监督检验检疫总局（现为国家市场监督管理总局）批复的专项补助经费使用用途和要求，保证项目资金专款专用。省级财政部门和质量技术监督部门可根据《质量技术监督专项补助经费管理办法》，并结合当地实际情况，制定实施细则，报财政部和国家质量监督检验检疫总局备案，这就使地方政府拥有较大的自主权。

2. 项目法

项目法分配专项转移支付资金是指地方政府根据当地的经济社会发展状况编制项目计划，建立项目库实行项目滚动管理，上一年的项目实施情况作为下一年度分配财政专项转移支付资金的依据。实施项目法的专项转移支付项目主要有企业关闭破产补助资金、天然林资源保护工程补助经费、主要污染物减排专项资金项目等。

此外，由于专项转移支付的制度建设比较滞后，挪用或者违规使用专项资金的事情屡见不鲜，因此，2000 年的《中央对地方专项拨款管理办法》规定检查的数额不少于专项拨款项目的 10%，实际中检查的范围在逐年扩大。

专项转移支付有些项目要求地方配套一定的资金或实物，主要是为了扩大资金规模，发挥中央资金的引导作用，同时增强地方政府的责任，提高财政资金的使用效率。例如，农村义务教育公用经费保障机制中，中央对西部补助 80%、中部 60%、东部地区各省区市根据财力情况的不同补助比例分别为 50%、40%、30%、20%、10%，均要求各省区市配套一定比例的资金。另外，中央出台的公共卫生、社会保障等项目，也要求大部分省区市按比例承担部分配套资金。

7.2.3　税收返还

1. 增值税、消费税返还

1994 年分税制改革后，原属地方支柱财源的“两税”收入（增值税的 75%和消费税的 100%）上划为中央收入。为保证地方既得利益，中央给予地方税收返还，返还额以各地上划中央的“两税”收入增长率为基础逐年递增。

（1）基本办法：首先核算中央对地方的税收返还基数，然后计算具体返还数额。

（2）地方税收返还基数核算公式：

$$R = C + 75\% \times V - S$$

其中，R 是中央对地方税收返还的核定基数；C 是消费税收入；V 是增值税收入；S 是 1993 年中央对地方的下划收入。

（3）1994 年以后，税收返还在此基数上逐年递增，递增率按增值税和消费税的平均增长率 (r_n) 的 1∶0.3 系数确定，如果中央净上划的收入达不到 1993 年的基数（R），则相应扣减税收返还额。也就是说，上述两税每增长 1%，中央对地方的税收返还增长 0.3%。中央对地方的税收返还额 R_n 的计算公式为

$$\begin{aligned} R_n &= R_{n-1} + R_{n-1} \times 0.3 \times \left[\frac{(C+75\%V)_n - (C+75\%V)_{n-1}}{(C+75\%V)_{n-1}} \right] \\ &= R_{n-1}(1+0.3r_n) \end{aligned} \tag{7-1}$$

2. 所得税基数返还

2002 年，国务院在所得税收入分项改革方案的通知中，建立了所得税返还

制度，除部分国有铁路、邮政、银行和石油等企业外，绝大部分的企业所得税和全部个人所得税由中央和地方分享，比例为 5∶5，2003 年这一比例调整为 6∶4，2003 年以后的分享比例根据实际收入情况再行考虑。以 2001 年为基期，为保证地方既得利益，对按改革方案确定的分享范围和比例计算出的地方分享的所得税收入小于地方实际所得税收入的差额部分，由中央作为基数返还地方。具体计算公式为

所得税基数返还额＝（2001 年该地区中央企业所得税实际完成数
＋个人所得税实际完成数＋储蓄存款利息所得税实际完成数）
−2000 年该地区地方企业所得税×2001 年 1～9 月该地区地方企业所得税实际增长率

7.3　中国政府间财政转移支付制度缺陷分析

一般而言，有效的政府间财政转移支付制度应该在公平和效率之间实现恰当的平衡。从公平的角度来看，政府间财政转移支付应实现地区间的财政均衡，弥补横向和纵向财政缺口；从效率的角度来看，转移支付也要有利于激励相容型财政体制的形成，促进各地区基本公共服务的有效供给，为地区间的均衡发展创造条件。

目前，国际上政府间财政转移支付制度主要有四种安排：中央政府代理模式、国家立法模式、政府间论坛模式、独立机构管理模式。目前，中国政府间财政转移支付制度属于由财政部、民政部等其他部委代理中央政府制定和执行政府间财政转移支付政策的中央代理模式。

具体而言，中国政府间财政转移支付制度存在以下缺陷。

7.3.1　一般性转移支付

基于因素法设计的一般性转移支付补助的直接目标就是弥补地方政府的财政收支缺口和缩小地区间的财力差距，其均等化效果虽受到许多学者的质疑（曾军平，2000），但客观来讲，一般性转移支付补助在促进地方财政均衡方面发挥的作用是不容忽视的（尹恒等，2007；尹恒和朱虹，2009）。但即便一般性转移支付补助能较好地解决平等问题，可将其用于地方公共服务融资，却有可能诱发“逆向激励”问题。主要表现为以下几点。

第一，一般性转移支付及其主要组成部分均衡性转移支付的名称多次改变，包含的项目也频繁调整，特别是均衡性转移支付的测算公式基本上是一年一变，

测算方法也较复杂，并未形成一个稳定的法律框架对资金进行规范分配。作为一项弥补地方政府财力缺口、促进地方公共服务供给均等化的财政补助，均衡性转移支付无法为地方政府提供稳定的财力预期，有可能会诱发地方政府的短期机会主义行为，对公共服务供给造成不利影响。

第二，一般性转移支付特别是均衡性转移支付测算所依赖的标准财政收入和标准财政支出的公式存在一定的缺陷，在计算公式中，部分标准财政支出未考虑成本差异，如交通运输支出、社保支出、农业支出等，有违公平原则，部分标准财政收入按照实际财政收入计算，容易产生地方政府的道德风险问题，如刻意减少税收以增加标准财政收支缺口。寇铁军（2004）认为，随着城市化程度越高，财政支出的规模越大，潜在的支出需求也越大，所以他认为在计算标准财政支出时应对城市化因素给予更多关注，并对非农业人口设置比农业人口更高的权重。

第三，一般性转移支付中还有一些支付项目是基于基数法计算的，不利于发挥一般性转移支付平衡地区财政能力的公平作用。例如，调整工资转移支付具有基数性质，每次补助地方的数额确定后，以后年度若无新的调资政策出台，均作为基数定额补助地方，未考虑两次调资政策中间年度各省区市财政能力的变化。

第四，一般性转移支付补助软化了地方政府的预算约束，导致地方政府产生“财政幻觉”，低估转移支付资金的实际成本，从而造成地方财政资金的浪费或低效使用。

第五，一般性转移支付补助对补助资金的使用并无明确规定，地方政府有可能将补助资金投向高风险项目或政绩工程，这对地方公共服务的有效供给并无益处（Boadway and Shah，2007）。

7.3.2 专项转移支付

专项转移支付资金的使用必须遵循专款专用原则，而且相当一部分专项转移支付的拨付还需要地方政府提供一定比例的配套资金。因此，专项转移支付在激励地方政府方面提供了具有区域外溢性的公共服务，以及确保义务教育、医疗卫生和社会保障等基本公共服务的有效供给方面发挥了不可或缺的作用。但是，即便专项补助在一定程度上能够实现对地方政府财政行为的正向激励，从而提高地方政府的公共服务供给努力程度，但由于以下两个原因，专项补助的财力均等化效果相当有限。而且专项转移支付资金事前分配和事后考核中存在的一系列问题，导致其资金使用和配置的效率较低，影响到地方公共服务的有效供给。

第一，中国现行专项转移支付制度重视对投入条件的考核，而忽视对专项转移支付资金的管理和对资金最终使用绩效的审核，这一缺陷在专项转移支付中表现得尤其突出。我国专项转移支付的申报、审批一般要经过八道程序和若干个部门的批准，过程非常复杂，但却缺乏有效的监督体系和退出机制。虽然申报、审批程序也缺乏严格的规范性，但是比考核机制完善，这种不对称的专项转移支付的审批和监督制度很容易导致地方政府花费大量人力物力用于项目申报，而忽视对资金的管理和对绩效的追求。

第二，中国的专项转移支付存在项目杂、碎片化等问题。截至 2013 年，每年仅财政预算内安排的专项转移支付项目就达 200 个以上，由国家发改委审批的项目更多（赵云旗，2013）。如此庞杂的几乎涵盖了地方全部支出项目的专项转移支付体系，难以发挥专项转移支付的突出中央调控重点的作用，并且不利于资金的集中有效使用（李萍和许宏才，2006；李萍，2010）。而且据审计署统计，截至 2005 年参与专项转移支付资金分配的部门多达 37 个（安体富，2007）。多头管理现象的存在导致各个部门责任模糊，缺乏有效监督，补助资金用途调整改变的现象时有发生，资金使用的效率偏低。

第三，专项补助资金的审批缺乏明确的核算方法，资金分配呈现多头管理的特征，助长了地方政府直接向部委争取补助资金的行为（周美多和颜学勇，2008）。财政实力雄厚的地方政府在与上级政府部门的协商过程中具有更多的话语权，因而在专项资金的分配中便有可能获得更高的比例，从而产生“劫贫济富”的负面作用。此外，专项转移支付分配规则的不透明，导致了资金分配和拨付过程中出现一定的违规和不合理行为，影响到专项转移支付资金的效果。

第四，相当一部分专项补助需要地方政府提供配套资金。由于配套率的设置并未考虑地区间的财力差异，“一刀切”的做法使得财力不足地区资金配套负担加重，导致地方财力更趋紧张（安体富，2007）。

7.3.3　税收返还

税收返还的制度安排虽然比较规范，特别是返还资金的配置遵循一套客观的公式，能够有效避免人为因素的干扰。

然而，分税制改革后设立税收返还制度的目的是为了维护富裕省区市既得利益，减少阻力，保证分税制财政体制改革的顺利实施，因此该转移支付的旧体制残余痕迹非常明显。

一方面，地方政府相当于获得一笔没有规定用途的额外资金，因而会产生与一般性转移支付补助类似的逆向激励问题；另一方面，税收返还的计算以 1993 年的实际收入为基数，因而延续并固化了既有财政收入的地区不均衡格局，同时，税收返还的增加额还与地方增值税和消费税的增长率挂钩，由于税收增长率高的地区正是那些财力雄厚的地区，富裕地区获得的税收返还额因此要高于贫困地区，这就进一步拉大了地区间的财力差距（葛乃旭，2005），形成“穷者愈穷，富者愈富”的恶性循环，有可能会扩大地区间公共服务供给的非均衡程度。

7.4 中国政府间财政转移支付制度的机会平等效应评估

上文梳理和总结了中国政府间财政转移支付制度的变迁与缺陷，其中，对转移支付制度缺陷所做的分析基本属于定性分析的范畴。本章结合第 6 章测算得到的各地区公共服务供给机会平等数据，实证检验财政转移支付对公共服务供给机会平等的影响，从而为判断现阶段政府间财政转移支付制度是否实现了平等与激励的权衡提供了定量证据。

7.4.1 公共服务供给机会平等指数的构建

在第 6 章中，我们测算了每个省区市义务教育支出实际值和医疗卫生支出实际值与满足机会平等目标的最优值的比例，这一比例衡量的就是各个省区市义务教育服务和医疗卫生服务供给的机会平等程度。如果直接以这一比值作为被解释变量，以财政转移支付作为解释变量，构建回归模型，检验政府间财政转移支付对公共服务供给机会平等程度的影响，则面临如下三个问题。

第一，当某省区市的实际支出与最优支出的比值等于 1 时，意味着该省区市公共服务的供给达到了机会平等的状态，但测算结果表明，恰好某一年这一比值等于 1 的省区市是很少的。但是，有许多省区市的这一比值偏离 1 的幅度比较小，有理由认定其比值与 1 的差异是不显著的，可以将这些省区市也界定为实现了机会平等目标。如果直接以这一比值作为被解释变量进行回归的话，则意味着将上述偏离幅度很小的省区市也“一刀切”地划分为过度供给或供给不足。

第二，直接以实际支出与最优支出的比值进行回归，会导致回归结果无法解释。比值偏离 1 的幅度越大，表明公共服务供给机会不平等的程度越严重，但偏离表现在两个方向上：比值大于 1 的幅度越大，公共服务过度供给的程度越严重；比值小于 1 的幅度越大，公共服务供给不足的程度越严重。如果进行估计，得到的财政转移支付的系数难以解释。因为以 1 为分界线，系数的符号具有不同的含义，当系数小于 0 时，对于比值大于 1 的地区而言，意味着财政转移支付规模越大，越有利于抑制地方政府对公共服务的过度供给，财政转移支付具有正向激励效应；对于比值小于 1 的地区而言，意味着财政转移支付规模越大，越会进一步导致地方政府公共服务供给不足程度加重，财政转移支付具有逆向激励效应。

第三，某省区市实际支出与最优支出的比值等于 1 意味着该省区市的公共支出恰好与实现最小机会平等目标所要求的支出相一致。然而，地方政府在使用财政资金提供公共服务时，其公共服务供给水平除了受外部环境及其自身供给努力的影响外，还受到运气等随机冲击的影响。因此，当地方政府的实际支出与最优支出的偏差不显著时，仍然可以认定地方政府公共服务供给行为符合机会平等的要求。

基于上述三点考虑，我们以表 6-4 和表 6-5 为基础，将各省区市义务教育和医疗卫生预算支出实际值与最优值的比值转换为离散型的公共服务供给机会平等指数。首先，将某一年 30 个省区市的比值数据按从小到大的顺序排列，定义排序后的比值变量为 y_s；其次，将 y_s 中与 1 偏差幅度最小的两个值删除（大于 1 和小于 1 的值各取一个），定义所生成的变量为 y_s^1，对变量 y_s^1 与 y_s 进行均值相等性检验（Anova F 检验），如果检验结果表明两个变量均值的差异不显著（显著性水平设定为 5%），则进一步删除 y_s^1 中与 1 偏差幅度最小的数值，重复这一过程直至删减生成的变量与 y_s 的均值相等性检验结果显著为止，定义这一差异显著变量为 y_s^*（注意这一变量是在重复删减过程中首个生成的差异显著的变量）；最后，将 y_s^* 中不包括的所有数值中与 1 偏离最大的两个（大于 1 和小于 1 的值各取一个）定义为 R^1 和 R^2，据此构建公共服务供给机会平等指数 E_{it}：

$$E_{it}=\begin{cases}0, & \text{如果公共支出实际值与最优值的比值} < R_t^1 \\ 1, & \text{如果} R_t^1 \leqslant \text{公共支出实际值与最优值的比值} \leqslant R_t^2 \\ 2, & \text{如果公共支出实际值与最优值的比值} > R_t^2\end{cases} \tag{7-2}$$

这一指数将每年 30 个省区市划分为三个组，其中，E_{it} 取值为 1 的省区市，其公共支出实际值与最优值的比值与 1 的偏差不显著，可以将其视为公共服务供给满足机会平等要求；E_{it} 取值为 0 的省区市，其比值数据与 1 的向下偏差是显著的，根据机会平等的要求，可以将其视为公共服务供给不足地区；E_{it} 取值为 2 的省区市，其比值数据与 1 的向上偏差是显著的，根据机会平等要求，可以将其视为公共服务供给过度地区。

7.4.2　实证模型

我们以式（7-2）构建的公共服务供给机会平等指数为被解释变量，以各类转移支付为解释变量，在控制其他影响政府公共服务供给行为的外生变量的情况下，建立回归模型，实证检验财政转移支付对公共服务供给机会平等状况的影响。然而，由式(7-2)得到的公共服务供给机会平等指数属于“多值”离散变量(polytomous data 或 multinomial data)，以此类变量为被解释变量建立的回归模型，采用 OLS 估计是不合意的。如果将公共服务供给机会平等状况视为政府选择的结果，如某一年某地区的机会平等指数为 0，表明这一年该地区的政府因种种原因选择使公共服务供给水平低于机会平等要求的水平，那么就可以采用多选项 Logit 模型对机会平等与政府间财政转移支付的关系进行估计。

令π_{il}为第i个地区政府选择第l种机会平等状态的概率，即$\pi_{il} \equiv \Pr(Y_i = l)$，$l = 0,1,2$。假定共有$k$个解释变量对$\pi_{il}$产生影响，则可以采用多元 Logistic 分布函数模型化来阐述被解释变量和解释变量之间的关系（Fox，1997）。

$$\pi_{il} = \frac{\exp(\beta_{0l} + \beta_{1l}X_{i1} + \cdots + \beta_{kl}X_{ik})}{1 + \sum_{h=1}^{2}\exp(\beta_{0h} + \beta_{1h}X_{i1} + \cdots + \beta_{kh}X_{ik})}, \quad l = 0,2 \qquad (7\text{-}3)$$

$$\pi_{i1} = 1 - (\pi_{i0} + \pi_{i2}), \quad l = 1 \qquad (7\text{-}4)$$

由于施加了概率和为 1 的约束，所以确定l个概率，只需要估计$l-1$个参数。式（7-3）和式（7-4）是以选择$l=1$的概率为基准类别（baseline category）。对该式进行代数运算，得到如下结果：

$$\ln\left(\frac{\pi_{il}}{\pi_{i1}}\right) = \beta_{0l} + \beta_{1l}X_{i1} + \cdots + \beta_{kl}X_{ik}, \quad l = 0,2 \qquad (7\text{-}5)$$

由于π_{il}和π_{i1}是未知的，而且它们都取决于待估参数β，因此无法对式（7-5）进行直接估计，必须采用极大似然估计法。注意到每个Y_i取值为 0、1、2 的概率分别为π_{i0}、π_{i1}和π_{i2}；而第i个地区选择基准类别的概率为$\Pr(Y_i = 1) = 1 - (\pi_{i0} + \pi_{i2})$。

根据式（7-2）定义的公共服务供给机会平等指数，我们令$Y_i = l$时，$E_{il} = 1$，否则$E_{il} = 0$，则对于第 i 个地区，有且只有一个$E_{il} = 1$。这样，Y_i所作选择的概率为

$$p(y_i) = \pi_{i0}^{E_{i0}} \cdot \pi_{i1}^{E_{i1}} \cdot \pi_{i2}^{E_{i2}} \qquad (7\text{-}6)$$

如果各地区观测值的抽样是独立的，则N个地区的联合概率分布为

$$p(y_1, \cdots, y_N) = p(y_1) \times \cdots \times p(y_N) = \prod_{i=1}^{N}\prod_{l=0}^{2}\pi_{il}^{E_{il}} \qquad (7\text{-}7)$$

施加概率和为 1 的约束，并以“选择＝1”为基准类别，则运用式（7-3）可以将式（7-7）重写为

$$p(y_1,\cdots,y_N \mid X)=\prod_{i=1}^{N}\prod_{l=0}^{2}\left(\frac{\exp(\beta_{0l}+\beta_{1l}X_{i1}+\cdots+\beta_{kl}X_{ik})}{1+\sum\limits_{h=0,2}\exp(\beta_{0h}+\beta_{1h}X_{i1}+\cdots+\beta_{kh}X_{ik})}\right)^{E_{il}} \tag{7-8}$$

式（7-8）的对数似然函数为

$$\ln L=\sum_{i=1}^{N}\sum_{l=0}^{2}E_{il}\left[(\beta_{0l}+\beta_{1l}X_{i1}+\cdots+\beta_{kl}X_{ik})-\ln\left(1+\sum_{h=0,2}\exp(\beta_{0h}+\beta_{1h}X_{i1}+\cdots+\beta_{kh}X_{ik})\right)\right] \tag{7-9}$$

令 $X'\equiv(1,X_{i1},\cdots,X_{ik})$， $\beta_l\equiv(\beta_{0l},\beta_{1l},\cdots,\beta_{kl})'$，将式（7-9）改写为矩阵形式:

$$\ln L=\sum_{i=1}^{N}\sum_{l=0}^{2}E_{il}X_i'\beta_l-\sum_{i=1}^{N}\ln\left(1+\sum_{h=0,2}\exp(X_i'\beta_h)\right) \tag{7-10}$$

对式（7-10）求偏微分，得到

$$\frac{\mathrm{d}(\ln L)}{\mathrm{d}\beta_l}=\sum_{i=1}^{N}\left(E_{il}-\frac{\exp(X_i'\beta_l)}{\left(1+\sum\limits_{h=0,2}\exp(X_i'\beta_h)\right)}\right)X_i',\quad l=0,2 \tag{7-11}$$

令式（7-11）等于 0，可以求得参数的极大似然估计量 $\hat{\beta}_l$，以及拟合的选择概率 $\hat{\pi}_{il}$：

$$\hat{\pi}_{il}=\frac{\exp(X_i'\hat{\beta}_l)}{\left(1+\sum\limits_{h=0,2}\exp(X_i'\beta_h)\right)} \tag{7-12}$$

但是，这个模型中的系数难以解释。对式（7-12）求微分，可以求出第 m 个解释变量的边际效应:

$$\delta_m=\frac{\partial\pi_l}{\partial x_m}=\pi_l\left[\beta_l-\sum_{h=0}^{2}\pi_h\beta_h\right],\quad l=0,2;\ h=0,1,2 \tag{7-13}$$

可以看到，特定外生变量的边际效应是全部解释变量和参数的函数，而不像线性回归模型那样，边际效应是个常数。因而对一个特定的 x_m，$\frac{\partial\pi_l}{\partial x_m}$ 不一定与 β_{lm} 有相同的符号（格林，2007）。

7.4.3　变量与数据

被解释变量为上文构建的公共服务供给机会平等指数。遵循已有研究的做法，同时结合本章的研究目的，选择以下解释变量。

（1）转移支付变量。在中国，税收返还、一般性转移支付和专项转移支付三项合计占总转移支付的比例达到了 60%以上。考察这三类转移支付的机会平等效应基本上能够涵盖政府间财政转移支付对地方政府公共服务供给机会平等的影响。事实上，不管是哪一类转移支付，都能增强地方政府的财政能力，但由于不同类型转移支付的激励效应不同，地方政府能否及是否愿意将增强的财政能力用于提高地方公共服务供给水平，则需要通过实证检验予以确认。在估计模型时，上述变量均取人均值。

（2）影响公共服务供给的需求因素。我们在模型中控制人均 GDP、人口规模、65 岁及以上人口比重（老龄化比重）、城镇人口比重（城镇化率）等反映居民对公共服务需求水平的变量。通常认为，人口越多、经济发展水平越高、城镇化水平越高的地区对医疗卫生服务和义务教育服务公共服务的需求越大；而老龄化程度越高，对义务教育服务和医疗卫生服务的需求变化会产生不同的影响。老年人通常更偏好医疗卫生服务而不太偏好义务教育服务。

（3）影响公共服务供给的财政制度因素。我们选取预算外财政收入占比（预算外财政收入占 GDP 的比重）和财政分权两个变量引入模型。控制预算外财政收入的原因是，地方政府在预算外安排了大量的资金用于供给义务教育服务和医疗卫生服务。预算外财政收入占比越高，地方政府可用于义务教育和医疗卫生的公共资源就越充分，因此对上述服务的供给预期会产生正向促进效应。而财政分权度量的是地方政府的财政自主程度，在 GDP 晋升激励下，地方政府官员具有“重投资、轻民生”的预算配置倾向，当地方政府拥有更大的资金配置权力时，可能会对义务教育和医疗卫生等民生性服务的供给产生不利影响。

本书采用的样本为 2002～2010 年 30 个省区市（不含西藏、香港、澳门和台湾）的数据；被解释变量医疗卫生服务和义务教育服务供给机会平等指数均来自上文的计算；其余解释变量的原始数据分别来自历年《中国统计年鉴》《中国财政年鉴》《地方财政统计资料》。其中，财政分权变量 2002～2007 年的数据来自龚锋和雷欣（2010），2008～2010 年的数据基于龚锋和雷欣（2010）的算法，采用《中国统计年鉴》和《中国财政年鉴》的原始数据计算得到。

7.4.4 实证结果与分析

表 7-6 列示了义务教育服务多选项 Logit 模型的估计结果。从表 7-6 中可以看到，税收返还与一般性转移支付对义务教育服务供给机会平等指数具有相同方向的影响效应。子方程 1 的结果显示，虽然税收返还与一般性转移支付的系数都不显著，但二者的（平均）边际效应都在 5%的水平上显著；子方程 2 的估计结果显

示，税收返还的系数不显著，但其边际效应在 10%的水平上显著，而均衡性转移支付的系数在 5%的水平上显著，边际效应在 1%的水平上显著。综合两个方程边际效应的结果，可以判断，税收返还和一般性转移支付提高了地方政府过度供给义务教育服务的可能性，同时降低了地方政府义务教育服务供给不足的可能性。对此我们的解释如下。

表 7-6　义务教育服务多选项 Logit 模型回归结果

因变量	义务教育服务			
	机会平等指数 = 0（子方程 1）		机会平等指数 = 2（子方程 2）	
自变量	系数	边际效应	系数	边际效应
税收返还	−0.004 5 （−1.55）	−0.000 9 （−1.97）**	0.001 7 （0.71）	0.000 5 （1.66）*
一般性转移支付	−0.002 5 （−0.97）	−0.000 8 （−1.96）**	0.005 5 （2.38）**	0.000 9 （3.38）***
专项转移支付	0.001 5 （0.96）	0.000 5 （2.30）**	−0.004 4 （−2.59）***	−0.000 7 （−3.60）***
人均 GDP	4.70×10^{-6} （0.09）	-2.41×10^{-6} （−0.28）	5×10^{-5} （1.05）	6.73×10^{-6} （1.14）
人口规模	0.572 1 （1.24）	0.169 5 （2.42）**	−1.037 2 （−2.43）**	−0.177 1 （−3.78）***
城镇化率	−0.477 2 （−0.14）	−0.225 5 （−0.40）	2.196 7 （0.54）	0.328 7 （0.64）
预算外收入占比	−23.863 8 （−0.63）	−2.343 （−0.37）	−31.52 （−0.74）	−2.775 （−0.52）
老龄化比重	6.981 7 （−0.39）	0.028 3 （0.01）	19.621 9 （1.01）	2.225 （0.97）
财政分权	−2.201 （−0.39）	−0.120 7 （−0.13）	−4.416 7 （−0.74）	−0.461 1 （−0.62）
C	−2.578 1 （−0.53）		8.811 2 （1.80）*	
机会平等指数 = 1 为 base outcome				
Pseudo R^2 = 0.225 9；Log likelihood = −127.242 68				

注：表中括号内的数字为 *Z* 统计量

*、**和***分别表示在 10%、5%和 1%的水平上显著

第一，《义务教育法》规定了地方政府的教育投入必须达到一定的比例，对义务教育服务的供给制定了强制性的标准，地方政府提供义务教育服务的努力程度本身就比较高。预算数据表明，地方政府平均安排了近 30%的公共支出用于义务教育服务的提供，可以说，提供义务教育服务已经成为地方政府的首要职责。

第二，税收返还和一般性转移支付作为中央政府提供的无条件转移支付，并没有规定具体的用途，也不需要地方政府提供相应的配套，增加这两种转移支付，对地方政府而言，相当于增加了无指定用途的可自主支配的财力。

第三，地方政府可自主支配财力增加之后，或多或少会增加对其核心职责（教育）的投入，此时，如果地方政府对义务教育服务的供给努力水平不够高，再增加投入就会导致义务教育服务供给的过度（相对于努力与投入相匹配的状态而言）；如果地方政府对义务教育服务的供给努力水平比较高，则再增加投入有助于地方政府义务教育服务供给趋于努力与投入匹配的机会平等状态，从而能够降低地方义务教育服务供给不足的程度。

第四，边际效应的估计结果显示，一般性转移支付导致地方政府过度供给义务教育服务的可能性高于税收返还，原因在于一般性转移支付是中央政府为财政困难地区提供的额外补助，与税收返还相比，一般性转移支付的接受地政府更容易产生补助资金来自其他辖区的"财政幻觉"，从而低估一般性转移支付资金的真实成本，导致财政资金的过度安排和义务教育服务的过度供给。

专项转移支付与义务教育服务供给不足指数正相关（系数不显著但边际效应在 5%的水平上显著），与义务教育服务供给过度指数负相关（系数和边际效应都在 1%的水平上显著）。总体而言，专项转移支付对地方政府的义务教育服务供给产生了向下的压力，究其原因，可能与专项转移支付的配套要求有关。地方政府获得的专项转移支付大部分是以项目申报的形式争取而来的，在 GDP 晋升激励下，地方政府倾向于申报"投资型"的财政补助项目，这些项目资金在拨付的同时往往需要地方政府提供相应的资金配套。由于教育经费是地方政府的主要支出项目，因此为投资型项目提供配套很有可能会挤占地方政府用于义务教育服务的财政资金。

表 7-7 列示了医疗卫生服务多选项 Logit 模型的估计结果。可以看到，税收返还对医疗卫生服务供给不足指数具有负向影响，系数和边际效应都为负且都在 1%的统计水平上显著，对医疗卫生服务供给过度指数具有正向影响，且系数和边际效应分别在 10%和 1%的统计水平上显著。我们的解释如下：由于税收返还属于不指定用途的无条件转移支付，地方政府使用这一资金提供公共服务时其配置和使用效率与地方自有资金的效率是一致的，因此，当比较机会平等指数为 0 和为 1（基准结果）时，取值为 0 的地方政府医疗卫生服务供给不足（医疗卫生服务的

投入与地方政府的供给努力程度不匹配，基于现有的努力程度，地方政府应该追加投入），当这些地区获得更多税收返还时，公共服务供给努力程度不变，但用于提供医疗卫生服务的投入增加，因而有助于缓解医疗卫生服务供给不足的程度。当我们比较机会平等指数取值为 2 和 1（基准结果）的地区时，取值为 2 的地方政府医疗卫生服务供给过度（医疗卫生服务的投入与地方政府的供给努力程度不匹配，基于现有的努力程度，地方政府应该减少投入），当这些地区获得更多税收返还后，公共服务供给努力程度不变，但用于提供医疗卫生服务的投入增加，从而会加重医疗服务供给过度的情况。

表 7-7　医疗卫生服务多选项 Logit 模型回归结果

因变量	医疗卫生服务			
	机会平等指数＝0（子方程 1）		机会平等指数＝2（子方程 2）	
自变量	系数	边际效应	系数	边际效应
税收返还	−0.0122 （−2.57）***	−0.0014 （−3.73）***	0.0053 （1.67）*	0.0012 （3.34）***
一般性转移支付	0.0043 （1.37）	0.0002 （0.73）	0.0055 （2.31）**	0.0005 （2.10）**
专项转移支付	−0.0057 （−2.41）**	−0.0004 （−1.83）*	0.0046 （2.63）***	0.0004 （1.88）*
人均 GDP	3×10^{-4} （3.56）***	3×10^{-5} （4.46）***	6×10^{-5} （0.82）	-5.64×10^{-6} （−0.77）
人口规模	0.0005 （2.13）**	0.0001 （4.30）***	−0.0006 （−3.38）***	−0.0001 （−5.96）***
城镇化率	−4.6837 （−0.97）	−0.1907 （−0.43）	−6.681 （−1.73）*	−0.6641 （−1.49）
预算外收入占比	99.3201 （1.78）*	13.3247 （2.74）***	−90.7837 （−1.91）*	−15.5311 （−2.87）***
老龄化比重	−47.7059 （−1.78）*	−5.0607 （−2.12）**	10.0531 （0.51）	3.1854 （1.33）
财政分权	−23.9637 （−2.79）***	−2.4954 （−3.71）***	3.8817 （0.58）	1.4512 （1.97）**
C	14.255 （3.04）***		4.252 （1.10）	
机会平等指数＝1 为 base outcome				
Pseudo R^2＝0.4204；Log likelihood＝−93.6871				

注：表中括号内的数字为 *Z* 统计量

*、**和***分别表示在 10%、5%和 1%的水平上显著

一般性转移支付对医疗卫生服务供给不足指数的影响不显著（系数和边际效应都不显著），但对医疗卫生服务供给过度指数具有正向影响，且系数和边际效应都在5%的统计水平上显著。与税收返还一样，一般性转移支付的“粘蝇纸效应”会刺激地方政府增加对地方公共服务的投入和供给，当地方政府已经过度提供医疗卫生服务之后，这一投入的增加会导致地方医疗卫生服务过度供给状况进一步趋于严重。

专项转移支付对医疗卫生服务供给不足指数具有负向影响，系数和边际效应分别在5%和10%的统计水平上显著，对医疗卫生服务供给过度指数具有正向影响，且系数和边际效应分别在1%和10%的统计水平上显著。由于专项转移支付使用和配置效率较低，对于机会平等指数较低的地方政府而言，投入不足会导致医疗卫生服务投入与其努力程度不匹配，当其使用的专项转移支付资金越多，医疗卫生服务资金的效率越低，从而有助于降低投入与努力不匹配的程度，由此就表现为专项转移支付对医疗服务供给不足指数的负向效应；另外，对于机会平等指数较高的地方政府来说，医疗卫生服务供给过度的含义是，投入过度导致医疗卫生服务投入与其努力程度不匹配，此时如果其使用的专项转移支付资金越多，医疗卫生服务供给的效率就越低，会进一步扩大投入与努力的不匹配程度，由此就表现为专项转移支付对医疗卫生服务供给过度指数的正向效应。

7.5 本章小结

政府间财政转移支付是确保中国分级分税财政体制稳定运转的重要制度安排。本章在梳理中国政府间财政转移支付制度变迁和制度缺陷的基础上，定量分析政府间财政转移支付对地方义务教育服务和医疗卫生服务供给机会不平等程度的影响。实证结果显示如下。

（1）一般性转移支付和税收返还虽然在资金分配的测算依据上完全不同，前者是基于标准财政收支缺口进行分配，后者是以地方政府税收收入增长比率为基础进行分配，但二者都相当于为地方政府提供了一笔无指定用途的财政资金，因此对地方政府义务教育服务和医疗卫生服务的供给机会平等指数的影响效应具有大致相同的方向：地方政府在使用无条件转移支付资金时产生了“粘蝇纸效应”，形成了“财政幻觉”，低估了转移支付资金的真实成本，从而导致财政资金的过度安排和公共服务的过度供给。

（2）专项转移支付具有两个典型的特征：第一，专项转移支付通常以项目资金的形式拨付给地方政府，往往需要地方政府提供相应的配套；第二，与地方政府自有收入的使用不同，专项转移支付资金往往会指导用途，专款专用，资金的使用效率比较低。这两个特征分别发挥主导作用，导致专项转移支付对义务教育服务和医疗卫生服务供给机会平等产生不同方向的影响。具体表现为：①专项转移支付对地方政府的义务教育服务供给产生了向下的压力。其原因可能是投资型项目提供配套挤占了地方政府用于其主要事务，即义务教育的财政资金。②专项转移支付使用效率低下，由此既缓解了投入低于努力地区的机会不平等程度，也加大了投入高于努力地区的机会不平等程度。

第 8 章　基本结论与政策建议

8.1　基 本 结 论

本书提出一个将机会平等与底线均等相结合的公共服务均等化思路及实现这一均等化思路的可操作性框架。基于这一框架，利用 2002～2010 年中国省级医疗卫生服务和义务教育服务的相关数据，测算出两类公共服务的生产效率和配置效率得分，以此作为地方政府的公共服务供给努力变量，据此对上述两种公共服务的机会不平等程度及财政转移支付对其机会不平等程度的影响效应进行实证分析。

根据实证分析的结果，得到如下基本结论。

（1）样本期间，大部分省区市义务教育服务与医疗卫生服务的配置效率得分都偏低，其中，东部地区两类公共服务的平均配置效率得分都低于中西部地区。

（2）样本期间，大部分省区市义务教育服务与医疗卫生服务的生产效率得分都比较高。平均来看，中部地区义务教育服务的生产效率得分最高，西部地区次之，东部地区的生产效率得分最低；东部地区医疗卫生服务的生产效率得分最高，中部地区次之，西部地区的生产效率得分最低。

（3）样本期间，东部地区义务教育服务和医疗卫生服务生计支出占实际支出的比例普遍较低，而中西部地区则普遍较高。地方政府提供的两类公共服务均超过满足居民基本需求的生计水平，其中东部地区提供的超额义务教育服务和医疗卫生服务的比例高于中西部地区。

（4）总体而言，样本期间，义务教育服务的总不平等程度虽然较小，但其不平等主要源于机会不平等（机会不平等占总不平等的比重平均达到 70%）；而医疗卫生服务的总不平等程度虽然较高，但环境差异和努力差异导致的不平等程度却大致相当（机会不平等的比重平均达到 57%）。在满足分组预算平衡约束和基本保障约束条件（底线均等）下，通过重新配置各地区的义务教育预算支出和医疗卫生预算支出，能够实现的最小机会不平等程度分别为 0.02～0.072（医疗卫生）和 0.016～0.037（义务教育），这也就意味着，现有医疗卫生和义务教育公共支出地区实际分配模式分别拥有 19.35%～72.59%和 13.22%～85.66%的机会不平等降低空间。

（5）分省来看，与实现机会不平等最小的最优支出模式相比，样本期间东部地区普遍存在义务教育支出的过度配置，而大部分中西部地区则存在义务教育支出的配置不足问题。另外，大部分东部地区存在医疗卫生公共支出的过度配置问题，而大部分中部地区主要表现为医疗卫生支出的配置不足问题，西部地区医疗卫生支出配置不足和配置过度的省区市在数量上大体相当。

（6）考察政府间财政转移支付对地方公共服务供给机会不平等程度的影响。样本期间，均衡性转移支付和税收返还对地方政府义务教育服务和医疗卫生服务供给机会不平等指数的影响效应具有大致相同的方向，二者都导致了相关财政资金的过度安排和公共服务的过度供给，也就是说，当地方政府获得更多的均衡性转移支付及税收返还资金时，其实际安排使用的义务教育和医疗卫生支出更有可能会超过与地方政府供给努力程度相匹配的支出水平。专项转移支付对地方公共服务供给机会不平等程度的影响比较复杂。专项转移支付与义务教育服务供给不足指数正相关，与义务教育服务供给过度指数负相关，总体而言，专项转移支付对地方政府的义务教育服务供给产生了向下的压力；专项转移支付对医疗卫生服务供给不足指数具有负向影响，对医疗卫生服务供给过度指数具有正向影响，总体而言，专项转移支付对地方政府的医疗卫生服务供给产生了向上的压力。

8.2　政 策 建 议

基于上述基本结论，提出如下政策建议。

（1）改进公共支出成本-收益分析技术，构建可操作的公共服务供给努力程度评价指标体系。公共部门效率或公共支出绩效的评估一直以来都是政府治理面临的难题。现有的公共支出成本-收益分析方法往往适用于投资型支出项目，而且重点衡量的是直接成本和收益。而民生性公共服务（如教育、医疗、社保、再分配等）的收益不仅包括服务对象获取的直接效应，还包括间接的社会效益，由此导致利用传统的公共支出成本-收益分析方法难以对民生性公共服务的供给效率进行具体、可靠、准确和科学的评估。本书报告在测度公共服务配置效率和生产效率时采用的指标（产出指标和受益指标）也只是宏观层面的替代指标，在具体性和准确性方面仍有待提高。

应设计一整套适用于不同类别公共服务（特别是民生性公共服务）且科学合理的公共支出绩效评价机制，对地方提供公共服务的规模、结构、效率、质量、居民的满意度等进行量化打分，通过科学合理的综合评价方法，构建系统的地方公共服务供给绩效评价体系。在此基础上，改进并运用公共支出成本-收益分析技术，对公共服务的生产效率和配置效率进行有效的测度，据此构建地方公共服务供给努力程度的多维评价指标体系，对地方政府公共服务供给行为进行科学评价。

（2）以绩效预算改革为契机，构建以供给努力为导向的预算资金分配机制。绩效预算强调以目标为导向，将绩效考核作为预算分配的重要依据，以绩效预算改革为契机，从如下三个方面入手，构建以供给努力为导向的预算分配机制。

第一，赋予预算资金使用部门充分的自主权。各部门可以根据实际情况灵活调整资金的使用方向和方式，以最大限度地提高公共服务的供给努力水平，促进预算资金使用和配置效率的最大化。

第二，调整增量预算的支出分配模式，在保证各个部门或项目获得基本支出的前提下，将公共服务供给努力水平作为预算资金分配的重要依据，通过对不同部门、项目和地方政府供给努力程度的横向比较，确定分配给相应预算主体和对象差异化的预算资金，由此实现最佳的预算资金组合，确保财政资源的优化配置。

第三，依靠立法机关、审计部门、社会舆论和民众对地方政府的公共服务供给行为进行监督，形成制度化的监管机制，提高政府预算的透明度。关键是要约束地方政府增强公共服务的供给努力程度，同时监督地方财政部门将供给努力程度引入资金分配公式从而能够真正落到实处。总而言之，以供给努力为导向的地方预算资金分配机制的核心在于放权、激励和监管。

（3）以分税制改革为契机，构建激励相容的财政均等化体系。1994 年分税制改革以来，经济社会发展发生了巨大变化，原有制度安排的许多内容越来越与经济社会发展的状况不相符，进一步改革分级分税财政管理体制提上了政府的议事日程。特别是营改增改革的推进，影响到既有的中央地方财力分配格局。在地方主体税种的构建尚待时日的情况下，地方政府对政府间财政转移支付资金的依赖会进一步加大。应该根据机会平等的思路，对政府间财政转移支付制度进行改革，核心是构建激励相容的财政均等化体系，通过政府间财政转移支付补助处于不利外部环境的地方政府，但不补助公共服务供给努力程度不足的地方政府，“奖勤罚懒”。具体如下。

第一，调整现有的政府间财政转移支付结构。基本方向是：保留税收返还，但进一步降低税收返还的比重，打造专项补助与一般性转移支付并重的“双主体”转移支付体系。之所以不取消税收返还的原因是，在现阶段地方财力不足的背景下，仍然需要通过税收返还激励地方政府保持一定的税收努力程度，弥补地方政府对财政转移支付的过度依赖。

第二，将公共服务供给努力程度作为专项补助和一般性转移支付资金分配的关键依据。改革现有的专项补助和一般性转移支付资金分配办法，统一实行因素法资金分配模式。首先，评估地方政府供给公共服务的外部环境（包括居民需求水平、成本价格水平、自然环境因素等）；其次，根据各地区的外部环境核算应分配给地方的基本转移支付金额，确保地方政府能够提供满足居民基本需求的生计公共服务水平；最后，当地方政府公共服务供给努力程度超过某个临界点以后，以累进支付的形式向地方政府提供奖励性转移支付，公共服务供给努力程度越高，获得的超额转移支付资金就越多。

第三，建立转移支付资金使用的跟踪评估和监督惩罚机制。一旦发现地方政府利用资金搞政绩工程、形象工程或高标准改善办公条件（修建办公楼，购置车辆、手机等其他消费品），按照其实际发生额，在两级结算时从地方政府本级自有财力中予以扣罚。而且在第二年测算时，相应减少其财政转移支付奖励资金。

8.3 不足之处

本书的不足之处在于受变量和数据可获性的限制，本书实证分析选择的样本对象为中国省级行政单位，分析对象选择了义务教育和医疗卫生两类公共服务，由于样本量和公共服务类别较少，影响到本书分析结果的准确性和分析结论的普遍适应性。未来进一步研究的方向是，对机会平等政策设计框架进行简化，特别是对生计公共支出的测算、公共服务配置和生产效率测度需要的变量进行精简，在此基础上，尽可能系统地收集县级的变量和数据，将研究对象拓展到中国县级行政单位，以及将研究范围拓宽到其他公共服务领域，以期提出更多可靠的、有效的、具有可操作性的政策建议，实现研究内容和研究结论的应用化。

参 考 文 献

安体富. 2007. 中国转移支付制度：现状·问题·改革建议. 财政研究，(1)：2-5.

安体富，任强. 2007. 公共服务均等化：理论、问题与对策. 财贸经济，(8)：48-53.

鲍德威 R，沙安文. 2011. 政府间财政转移支付：理论与实践. 庞鑫译. 北京：中国财政经济出版社.

蔡秀云. 2011. 社会基本公共服务均等化标准探析. 经济研究参考，(22)：31-36，51.

常修泽. 2007. 中国现阶段基本公共服务均等化研究. 中共天津市委党校学报，(2)：66-71.

陈诗一，张军. 2008. 中国地方政府财政支出效率研究：1978—2005. 中国社会科学，(4)：65-78，206.

陈勇，唐朱昌. 2006. 中国工业的技术选择与技术进步：1985—2003. 经济研究，(9)：50-61.

丁元竹. 2008. 促进我国基本公共服务均等化的战略思路和基本对策. 经济研究参考，(48)：11-12.

丁元竹，杨宜勇，李爽，等. 2008. 促进我国的基本公共服务均等化. 宏观经济研究，(5)：7-12.

傅勇，张晏. 2007. 中国式分权与财政支出结构偏向：为增长而竞争的代价. 管理世界，(3)：4-12，22.

高春亮. 2007. 1998—2003 城市生产效率：基于包络技术的实证研究. 当代经济科学，(1)：83-88，127.

格林 W H. 2007. 计量经济分析. 5 版. 费剑平译. 北京：中国人民大学出版社.

葛乃旭. 2005. 重建我国政府间转移支付制度的构想. 财贸经济，(1)：61-67.

龚锋，雷欣. 2010. 中国式财政分权的数量测度. 统计研究，(10)：47-55.

龚锋，卢洪友. 2009. 公共支出结构、偏好匹配与财政分权.管理世界，(1)：10-21.

龚锋，卢洪友，卢盛峰. 2010. 城乡义务教育服务非均衡问题研究——基于“投入-产出-受益”三维视角的实证分析. 南方经济，(10)：35-48.

贺珍瑞. 2010. 对新时期城乡基本公共服务均等化问题的思考. 理论导刊，(4)：16-18.

贾康. 2007. 公共服务的均等化应积极推进，但不能急于求成. 审计与理财，(7)：5-6.

寇铁军. 2004. 完善我国政府间转移支付制度的若干思考. 财贸经济，(5)：81-85.

李丹娜，马燕，李斌，等. 2007. DEA 在评价哈尔滨市二级医院相对效率中的应用. 中国医院统计，(1)：14-16.

李萍. 2010. 财政体制简明图解. 北京：中国财政经济出版社.

李萍，许宏才. 2006. 中国政府间财政关系图解. 北京：中国财政经济出版社.

楼继伟. 2006. 完善转移支付制度 推进基本公共服务均等化. 中国财政，(3)：6-8.

罗洪浪，王浣尘，田中甲. 2003. 基于 DEA 的封闭式基金业绩评价. 中国管理科学，(5)：20-25.

吕炜，王伟同. 2008. 我国基本公共服务提供均等化问题研究——基于公共需求与政府能力视角的分析. 财政研究，(5)：10-18.

马国贤. 2007. 基本公共服务均等化的公共财政政策研究. 财政研究，(10)：74-77.

毛寿龙，李梅. 2000. 有限政府的经济分析. 上海：上海三联书店.

孟浩，王艳慧. 2007. 基于 DEA 的大学人才培养系统的综合评价. 运筹与管理，(1)：125-130.
世界银行. 1997. 1997 年世界发展报告：变革世界中的政府. 蔡秋生译. 北京：中国财政经济出版社.
宋增基，李春红. 2007. 中国保险业 DEA 效率实证分析. 系统工程学报，(1)：93-97.
孙红玲，王柯敏. 2007. 公共服务均等化与“标准人”财政分配模型. 财政研究，(8)：38-41.
孙庆国. 2009. 论基本公共服务均等化的衡量指标. 中国浦东干部学院学报，(1)：57-62.
王兵，颜鹏飞. 2007. 技术效率、技术进步与东亚经济增长——基于 APEC 视角的实证分析.经济研究，(5)：91-103.
王谦. 2008. 城乡公共服务均等化的理论思考. 中央财经大学学报，(8)：12-17.
王文剑，覃成林. 2008. 地方政府行为与财政分权增长效应的地区性差异——基于经验分析的判断、假说及检验. 管理世界，(1)：9-21.
尹恒，康琳琳，王丽娟. 2007. 政府间转移支付的财力均等化效应——基于中国县级数据的研究. 管理世界，(1)：48-55.
尹恒，朱虹. 2009. 中国县级地区财力缺口与转移支付的均等性. 管理世界，(4)：37-46.
曾军平.2000. 政府间转移支付的财政平衡效应研究. 经济研究，(6)：27-32.
赵云旗. 2013. 我国财政转移支付总体结构优化研究. 经济研究参考，(67)：3-20.
周美多，颜学勇. 2008. 中国专项转移支付的政治逻辑：问题、原因与出路. 当代财经，(9)：35-40.
周业安，章泉. 2008. 财政分权、经济增长和波动. 管理世界，(3)：6-15，186.
朱柏铭. 2008. 从性价比角度看“基本公共服务均等化”. 财贸经济，(10)：69-74.
朱南，卓贤，董屹. 2004. 关于我国国有商业银行效率的实证分析与改革策略. 管理世界，(2)：18-26.
Aaberge R，Bhuller M，Langørgen A，et al. 2010.The distributional impact of public services when needs differ. Journal of Public Economics，(94)：549-562.
Aaberge R，Langørgen A. 2006. Measuring the benefits from public services：the effects of local government spending on the distribution of income in norway. Review of Income and Wealth，52（1）：61-83.
Adam A，Delis M，Kammas P. 2011. Public sector efficiency：leveling the playing field between OECD countries. Public Choice，146（1/2）：163-183.
Afonso A，Schuknecht L，Tanzi V. 2005. Public sector efficiency：an international comparison. Public Choice，123（3/4）：321-347.
Allers M. 2007. Deriving spending needs from local government budget data：an alternative approach. IIPF Congress Working Paper.
Arneson R J. 1989. Equality and equal opportunity for welfare. Philosophical Studies，56（1）：77-93.
Arneson R J. 1990. Liberalism，distributive subjectivism，and equal opportunity for welfare. Philosophy & Public Affairs，19（2）：158-194.
Balaguer-Coll M T，Prior D，Tortosa-Ausina E. 2007. On the determinants of local government performance：a two-stage nonparametric approach. European Economic Review，51（2）：425-451.
Banker R D，Charnes A，Cooper W W. 1984. Some models for estimating technical and scale inefficiencies in data envelopment analysis. Management Science，30（9）：1078-1092.
Banker R D，Morey R C. 1986. Efficiency analysis for exogenously fixed inputs and outputs. Operations Research，34（4）：513-521.
Bastiaens E，Borger D B，Vanneste J. 2000. Crowding out effects in the local budget and the

allocation of local public consumption：evidence from the Flemish municipalities in a period of fiscal consolidation. Tijdschrift voor Economie en Management，45（1）：43-74.

Betts J，Roemer J E. 2006. Equalizing opportunity for racial and socioeconomic groups in the United States through educational finance reform//Ludger W，Peterson P. Schools and the Equal Opportunity Problem. Cambridge：The MIT Press：209-238.

Boadway R，Shah A. 2007. Intergovernmental Fiscal Transfers：Principles and Practice. Washington D. C.：World Bank.

Boetti L，Piacenza M，Turati G . 2012. Decentralization and local governments，performance：how does fiscal autonomy affect spending efficiency？. FinanzArchiv Public Finance Analysis，68（3）：269-302.

Bourguignon F，Ferreira F H G，Menéndez M. 2007. Inequality of opportunity in Brazil. Review of Income and Wealth，53（4）：585-618.

Bradford D F，Malt R A，Oates W E.1969. The rising cost of local public services：some evidence and reflections. National Tax Journal，22（2）：185-202.

Caliński T，Harabasz J. 1974. A dendrite method for cluster analysis. Communications in Statistics，3（1）：1-27.

Calo-Blanco A，García-Pérez J I. 2014. On the welfare loss caused by inequality of opportunity. The Journal of Economic Inequality，12（2）：221-237.

Carrington R，Puthucheary N，Rose D，et al.1997. Performance measurement in government service provision：the case of police services in New South Wales. Journal of Productivity Analysis，8（4）：415-430.

Charnes A，Cooper W W，Rhodes E. 1978. Measuring the efficiency of decision making units. European Journal of Operational Research，2（6）：429-444.

Cohen G A. 1989. On the currency of egalitarian justice. Ethics，99（4）：906-944.

Davis M L，Hayes K. 1993. The demand for good government. Review of Economics and Statistics，75（1）：148-152.

Drake L，Simper R. 2003. The measurement of English and Welsh police force efficiency：a comparison of distance function models. European Journal of Operational Research，147（1）：165-186.

Dworkin R. 1981a.What is equality？Part 1：equality of welfare. Philosophy & Public Affairs，10（3）：185-246.

Dworkin R. 1981b.What is equality？Part 2：equality of resources. Philosophy & Public Affairs，10（4）：283-345.

Fare R，Grosskopf S，Lovell C A K，et al. 1989. Multilateral productivity comparisons when some outputs are undesirable：a nonparametric approach. Review of Economics and Statistics，71（1）：90-98.

Farrell M J. 1957. The measurement of productive efficiency. Journal of the Royal Statistical Society，120（3）：253-290.

Federici A，Mazzitelli A. 2009. Dynamic factor analysis with STATA. University of Rome La Sapienza Working Paper.

Ferreira F G，Gignoux J. 2011. The measurement of inequality of opportunity：theory and an application to Latin America. Review of Income & Wealth，57（4）：622-657.

Fox J. 1997. Applied Regression Analysis，Linear Models，and Related Methods. Thousand Oaks：Sage Publications，Inc.

Fried H O，Lovell C A K，Schmidt S S，et al. 2002. Accounting for environmental effects and statistical noise in data envelopment analysis. Journal of Productivity Analysis，17（1/2）：157-174.

Fried H O，Schmidt S S，Yaisawarng S. 1999. Incorporating the operating environment into a nonparametric measure of technical efficiency. Journal of Productivity Analysis，12（3）：249-267.

Hayes K J，Razzolini L，Ross L B. 1998. Bureaucratic choice and nonoptimal provision of public goods：theory and evidence. Public Choice，94（1/2）：1-20.

Hild M，Voorhoeve A. 2001. Roemer on equality of opportunity，university of California institute of technology. Working Papers 1128.

Jackman R，Papadachi J. 1981. Local authority education expenditure in England and Wales：why standards differ and the impact of government grants. Public Choice，36（3）：425-439.

Koopmans T C. 1951. An analysis of production as an efficient combination of activities//Koopmans T C. Activity Analysis of Production and Allocation，Cowles Commission for Research in Economics，Monograph No. 13. New York：Wiley：33-97.

Langørgen A，Aaberge R. 1999. A structural approach for measuring fiscal disparities，research department of statistics Norway. Discussion Papers 254.

Llavador H G，Roemer J E. 2001. An equal-opportunity approach to the allocation of international aid. Journal of Development Economics，64（1）：147-171.

Moreno-Ternero J. 2007. On the design of equal-opportunity policies. Investigaciones Económicas，（3）：351-374.

Page M，Roemer J E. 2001. The U S fiscal system as an opportunity equalizing device//Hassett K A ，Hubbard R G . Inequality and Tax Policy. Washington D.C.：AEI Press：134-159.

Pistolesi N. 2009. Inequality of opportunity in the land of opportunities，1968—2001. The Journal of Economic Inequality，7（4）：411.

Pollak R A，Wales T J. 1981. Demographic variables in demand analysis. Econometrica，49（6）：1533-1551.

Rawls J. 1971. A Theory of Justice. Cambridge：Harvard University Press.

Ray S C. 2004. Data Envelopment Analysis：Theory and Techniques for Economics and Operations Research. Cambridge：Cambridge University Press.

Rodríguez J G . 2008.Partial equality-of-opportunity orderings. Social Choice and Welfare，31（3）：435-456.

Roemer J E.1993. A pragmatic theory of responsibility for the egalitarian planner. Philosophy & Public Affairs，22（2）：146-166.

Roemer J E.1996.Theories of Distributive Justice. Cambridge：Harvard University Press.

Roemer J E.1998.Equality of Opportunity. Cambridge：Harvard University Press.

Roemer J E，Aaberge R，Colombino U，et al. 2003. To what extent do fiscal regimes equalize opportunities for income acquisition among citizens？. Journal of Public Economics，87（3/4）：

539-565.

Ruggiero J. 2000. Nonparametric estimation of returns to scale in the public sector with an application to the provision of educational services. Journal of the Operational Research Society，51（8）：906-912.

Ruiz-Castillo J. 2003. The measurement of the inequality of opportunities//Bishop J，Rodríguez D G. Inequality，Welfare and Poverty：Theory and Measurement.Bradford：Emerald Press：23-49.

Savas E S. 1978.On equity in providing public services. Management Science，24（8）：800-808.

Scanlon T. 1986.The significance of choice. Tanner Lectures on Human Values，7（5）：805-806.

Schwab R M，Zampelli E M. 1987.Disentangling the demand function from the production function for local public services：the case of public safety. Journal of Public Economics，33（2）：245-260.

Sen A K. 1980.Equality of what？// McMurrin S. Tanner Lectures on Human Values. Salt Lake City: University of Utha Press：12-31.

Shah A. 2004. Fiscal decentralization in developing and transition economies：progress，problems，and the promise. World Bank，Policy Research Working Paper.

Shorrocks A F. 1984. Inequality decomposition by population subgroup. Econometrica，52（6）：1369-1385.

Simar L，Wilson P W. 1998. Sensitivity analysis of efficiency scores：how to bootstrap in nonparametric frontier models. Management Science，44（1）：49-61.

Simar L，Wilson P W. 2000. Statistical inference in nonparametric frontier models：the state of the art. Journal of Productivity Analysis，13（1）：49-78.

Turnbull G K，Mitias P M. 1995.Which median voter？. Southern Economic Journal，62（1）：183-191.

Worthington A C. 2000. Cost efficiency in Australian local government：a comparative analysis of mathematical programming and econometrical approaches. Financial Accountability and Managemen，16（3）：201-223.

Worthington A C，Dollery B E. 2000. Measuring efficiency in local governments' planning and regulatory function. Public Productivity & Management Review，23（4）：469-485.